그 천재들은 이렇게 자라났다

모로토미 요시히코 지음

손 경 호 옮김

㈜ **박이정**

ANO TENSAI TACHI HA, KO SODATERARETEITA !
SAINO NO ME O OKIKU KAIIKASASERU SAIKO NO KOSODATE
ⓒYoshihiko Morotomi 2018
First published in Japan in 2018 by KADOKAWA CORPORATION, Tokyo.
Korean translation rights arranged with KADOKAWA CORPORATION, Tokyo
through ENTERS KOREA CO., LTD.

이 책은 동서고금의 "천재들이" 어떤 어린 시절을 보내며, 어떻게 자라왔는지를 되돌아봄으로써 양육에서 정말 중요한 것은 무엇인지, 그 힌트를 배워 가는 책입니다.

일반적으로 소위 '천재'라고 불리는 사람들의 어린 시절에 대해서 여러분들은 어떤 이미지를 품고 있나요?

훌륭하고 풍족한 가정에서 태어나고 자라며 부모의 사랑을 듬뿍 받아 어려서부터 좋은 교육환경에 놓이고, 학교에서도 물론 특별한 우등생 ……. 그런 이미지를 가진 분도 많지 않을까요?

하지만 사실은 전혀 그렇지 않습니다.

확실히 그들 중에는 정신분석의 창시자인 프로이트처럼

'어려서부터 어머니의 애정을 듬뿍 받아왔다. 그래서 나는 지금의 내가 될 수 있었다'라고, 자신의 어린 시절을 되돌아보았던 인물도 있습니다. 또 많은 예술가도—역사에 이름을 남기는 위대한 작곡가나 화가가 그러했듯이 어릴 적부터 엄선된 영재교육을 받아 온 사람들도 있었습니다. 어린 시절에 부모에게서 받은 크리스마스 선물이 계기가 되어 인생이 크게 바뀌었다고 하는 저명인사도 있습니다.

그러나 완전히 그 반대의 경우에서 자란 '천재'도 적지 않습니다.

어린 시절 부모의 보살핌을 거의 받지 못해서 그 고독을 어떻게든 참고 견디기 위해 창의적 고안으로 스스로의 독창적인 능력을 키워 간 사람도 있었습니다.

학교에서 많은 천재들은 우등생이라기보다 오히려 이단아, 선생님들에게서는 '문제아'처럼 보일 때가 적지 않았습니다.

그러한 그들의 생활방식에서 보이는 것은, '양육이나 교육은 매뉴얼대로는 되지 않는다. 보통 방법으로는 뜻대로 다룰 수 없는 법이다'라는 것입니다.

그렇기 때문에 이들 천재들의 어린 시절을 되돌아봄으로써 '양육에 있어서 정말 소중한 것은 무엇일까?' '사람은 어떻게 자라나고 스스로를 어떻게 만들어 갈까?', 그 본질을 다시 생각할 수 있다고 생각합니다.

　이 책은 단순한 양육의 매뉴얼 책과는 크게 다릅니다. 오히려 '매뉴얼대로는 되지 않는 양육의 본질'을 다시 바라볼 수 있는 책입니다

　'항간에 넘치는 양육책으로는 충분하지 않다' '좀더 양육의 본질을 알고 싶다'―그런 부모나 가족이 꼭 읽어 주셨으면 좋겠다고 생각합니다.

　　　　　　　　　　모로토미 요시히코(諸富祥彦)

좋아하는 것 · 하고 싶은 것을 발견하다

011 　방 콘센트를 가지고 장난치거나 해서 곤란을 겪다
　　　스티브 잡스

019 　하기 싫은 일은 아예 안 해! 그런 성격 어떻게 대처해야 할까?
　　　존 레논

027 　'왜?' '왜 그런 거야?'라고 질문만 한다
　　　토머스 에디슨

035 　아이를 예술의 길로 가게 하고 싶지만 ……
　　　파블로 피카소

043 　'교육엄마(아빠)'처럼 대하다
　　　볼프강 아마데우스 모차르트

051 　학교에서 장난만 치는 것 같다
　　　월트 디즈니

059 　잡동사니나 쓸데없는 것들을 종종 주워온다
　　　라이트 형제

어휘력·커뮤니케이션 능력을 높이다

069 열 살이 되었는데도 별로 말이 없다
알베르트 아인슈타인

077 아들과 소통을 잘하고 싶지만 잘 모르겠다 ······
찰리 채플린

085 장애를 갖고 태어난 아이 어떻게 키워야 ······
헬렌 켈러

093 친한 친구들하고만 소통하고 있다. 사교적인 성격이 아닐지도 ······
앙리 파브르

101 몇 번이나 전학을 갔는데 아이에게 부담이 되지는 않을까?
스기하라 지우네

109 싱글맘으로서 아이를 어떻게 대해야 할까?
후쿠자와 유키치

사고력·집중력을 기르다

119   **항상 멍하니 있는 것처럼 보인다. 괜찮을까?**
앙투안 드 생텍쥐페리

127   **뭔가를 시작하더니 싫증이 나서 곧 그만둬 버린다**
레오나르도 다 빈치

135   **한 가지 일에 너무 집중해서 주변이 보이지 않게 된다**
빈센트 반 고흐

143   **뭔가 한 가지 일에 열중시키려면 어떻게 해야 될까?**
하인리히 슐리만

151   **아이의 상상력을 풍성하게 해주고 싶다. 어떻게 해야 될까?**
한스 크리스찬 안데르센

159   **돈의 소중함을 배우게 해주고 싶다**
마쓰시타 고노스케

167   **내성적인 우리 아이지만, 사람을 보는 힘은 길러주고 싶다. 어떻게 해야 될까?**
도쿠가와 이에야스

자신감·자립심을 기르다

177　아이가 학교에서 놀림받고 있는 것 같다……
스티븐 호킹

185　우리 아이는 학교의 트러블 메이커 난처하다……
베이브 루스

193　이혼하기로 하면 아이는 어떤 마음일까?
아이작 뉴턴

201　아이가 거짓말을 하면 어떻게 대처해야 할까?
코코 샤넬

209　아이를 위한다고 한 것이 반발을 불러일으켰다
플로렌스 나이팅게일

217　귀여움을 너무 많이 받으면 아이는 어떻게 될까?
지그문트 프로이트

225　수학을 잘하는 것 같은데 그 능력을 기르는 방법이 있을까?
이노 다다타카

233　중학생이 되어서도 야뇨(夜尿)가 낫지 않다
사카모토 료마

행동력·실행력을 기르다

243 밖에 잘 나가지 않고 집 안에서만 논다
마리 퀴리

251 밖으로 놀러 다니는 건 나쁘지 않지만, 주변에 폐를 끼치는 것은 아닐까?
갈릴레오 갈릴레이

259 남과 다르게 하는 것을 좋아하는 것이 좋기는 하지만……
요한 하인리히 페스탈로치

267 아들의 등교 거부를 어떻게 하면 좋을까?
칼 구스타프 융

275 적극적으로 도와준다. 이대로만 자라준다면……
마더 테레사

283 정말 좋아하는 만화에 빠져 있는 우리 아이. 이대로 괜찮을까?
데즈카 오사무

291 일이 바빠서 아이와 놀아 줄 시간이 좀처럼 없다
나쓰메 소세키

299 장남이기 때문에 엄하게 키운다
사이고 다카모리

307 **참고문헌**

313 **역자후기**

좋아하는 것

하고 싶은 것을

발견하다

우리 아이는 무엇에 관심을 갖고,

무엇을 좋아할까?

언제나 함께 있으면 알기 쉽지만,

직장인이라면

그렇게 간단하지는 않지요.

그러면 "천재"의 부모나 가족은 어떻게

자녀의 재능을 찾아낼까?

아이가 좋아하는 것을 찾아내는 요령을

천재들의 어린 시절에서

찾아보고 싶습니다.

"

방 콘센트를 가지고
장난치거나 해서
곤란을 겪다

"

잡스의
성장법에서 배워봅시다

스티브 잡스 (Steve Jobs)
(1955~2011)

미국의 사업가로 애플사의 공동 설립자. 1976년 최초의 컴퓨터 '애플 I', 다음 해에 '애플II'를 발매하여 대성공. 85년 퇴사 후 NeXT를 세우고, 다음 해 픽사의 CEO에 취임. 96년 애플컴퓨터가 NeXT를 인수한 것을 계기로 다시 같은 회사로 돌아갔다. 2000년 CEO로 다시 취임한 이후 아이팟(iPod), 아이폰(iPhone), 맥북 에어(MacBook Air), 아이패드(iPad) 등, 신제품을 차례차례로 시장에 투입. 11년, 병으로 쓰러져 별세(향년 56세). 현재 애플의 시장가치는 1조달러 상당.

iPod이나 iPhone의
디자인에 숨겨진 아버지의 가르침

애플사의 공동 설립자의 한 사람으로, iPod나 iPhone, iPad 등을 개발한 스티브 잡스. 2011년 10월에 56세라는 젊은 나이에 병으로 사망했습니다만, 어린 자녀를 둔 부모에게는 '자식이 목표로 했으면 하는 인물'의 필두로서 종종 그 이름이 거론되고 있습니다.

그럼, 매킨토시라고 하는 누구라도 간편하게 사용할 수 있는 가정용 PC의 원형을 만들고, iPod나 iPhone을 세상에 내보낸 것으로 세상 사람들의 생활을 크게 변화시킨 잡스라고 하는 남자는 어떠한 어린 시절을 보냈을까요?

1955년 2월 24일 미국 캘리포니아 주 샌프란시스코에서 태어난 스티브 잡스(본명 스티븐 폴 잡스)는 사실 입양아였습니다. 양아버지 폴과 양어머니 클라라는 아이가 생기기를 바랐습니다만, 자녀를 얻지 못하게 되어 그 때문에 양자를 받아들일 생각을 하게 된 것입니다. 그리고 인연이 되어 폴과 클라라를 찾아온 것이 스티브였습니다. 그는 어려서부터 자신이 부모의 친자가 아니라는 것을 알고 있었다고 합니다.

염원하던 아이인 스티브에 대해 폴과 클라라는 진심 어린 애정을 바칩니다. 특히 아버지 폴로부터는 기계와 자동차의 디자인 및 구조 등에 대해 자세히 배웠습니다. 폴은 신용판매회사의 채권추심인으로서 회사에 다니면서 압류된 차의 일부를 직접 구입해 수리 판매하는 부업을 하고 있었습니다.

폴은 아들 스티브에게 차를 분해 수리하면서 각 부품과 차체의 유선형 커브가 어떻게 디자인되고 있는지를 상세하게 설명했습니다. 또 만들기를 자랑으로 삼은 폴은 집의 울타리를 만들 때, '찬장이나 울타리를 만들 때는 보이지 않는 뒷면까지 단단히 만들어야 해' 라고 아들에게 충고했다고 합니다.

매킨토시, iPod, iPhone와 같은 애플의 제품은 사용의 편리성이 뛰어날 뿐만 아니라, 스타일리쉬한 디자인성도 겸비하고 있습니다. 스티브가 자사 제품의 디자인에 그런 발상을 채택한 배경에는 아버지 폴의 '보이지 않는 뒷면까지 잘 만들어야 한다' 라는 가르침이 크게 영향을 미치고 있다고 볼 수 있습니다.

그래서 일렉트로닉스(전자공학)의 기본을 스티브에게 가르친 것도 아버지였습니다. 초등학교에 들어가자 스티브는 헤어핀을 콘센트에 꽂아넣어 감전되거나, 선생님의 의자 밑에 화약을 설치하거나 하는 등, 손이 가는 귀찮은 성격의 아이였습니다만, 그러한 행동도 일렉트로닉스나 화학에 대한 흥미로부터 이루어진 것인지도 모릅니다.

아들에게 기계나 일렉트로닉스의 기술과 구조를 가르치는 것과 동시에 폴과 클라라는 아들이 필요로 하는 것을 주려고 적극적으로 노력하였습니다.

지적 능력이 다른 아이보다 높았던 스티브는 주위의 아이로부터 괴롭힘을 당하는 일이 많아 '더 좋은 학교에 가고 싶다'라고 바라는 그의 희망을 들어주어, 그다지 부유하지 않음에도 불구하고 돈을 긁어 모아 이사한 일도 있었습니다. 응석꾸러기 스티브가 크게 길을 벗어나지 않고, 일렉트로닉스에 흥미를 가지고 계속 성장할 수 있었던 이유의 하나는 부모의 큰 애정이 있었던 것은 틀림없습니다.

양육에 활용하고 싶은

　확실히 현대인의 생활을 "개혁"할 정도로 영향을 준 임펙트를 준 스티브 잡스. 그렇지만 학교의 선생님들로부터 보면, 그는 매우 귀찮은 아이였던 것 같습니다. 아버지로부터 일렉트로닉스의 기본을 배운 스티브는, 초등학교에 들어가자 시험삼아 콘센트에 장난을 치거나 해서 확실히 '손 이 많이 가는 아이'의 전형입니다.

　하지만, 스티브 소년 자신의 입장에 서 서 봅시다. 딱히 선생님을 곤란하게 하기 위해서 하고 있던 것은 아닐 것입니다. 어렸을 때 스티브는 기계나 일렉트로닉스, 가전에 대한 관심이 많아서 '이렇게 하면 어떻게 되는 거지?'라고 다양한 시행착오의 체험을 거듭해 갔을 것입니다.그 일단이 '교실에서의 화약 장치'라는 언뜻 보면 엉뚱한 행동으로서 나타나고 있었다고 생각합니다.

　머리가 좋았던 스티브는 다른 아이로부터 괴롭힘을 당하는 일도 많았던 것 같습니다. 하지만 그 모습을 본 아버지는 금방 이사를 가기로 결심합니다. 이처럼 '무조건 아이 지키기'라고 하는 부모의 자세가 스티브의 재능을 꽃피운 것입니다.

　아이의 호기심을 키울 줄 아는 부모 아래서
　재능은 꽃이 핀다.

하기 싫은 일은 아예 안 해! 그런 성격 어떻게 대처해야 할까?

존 레논의
성장법에서 배워봅시다

존 레논(John Lennon)
(1940~1980)

영국 태생. 선 비틀스 멤버. 1962년 6월 애비 로느 스튜디오에서 밴드로서 최초의 레코딩 세션을 개시. 10월 <Love Me Do>가 나온다. 64년 2월 <I Want To Hold Your Hand>가 <빌보드>지의 싱글 차트 1위를 획득. 비틀스는 세계적으로 명성을 얻은 밴드가 됐다. 70년에 그룹 해체, 멤버는 솔로 활동. 80년 자택이 있는 뉴욕의 다코타 하우스 앞에서 광신적인 팬에게 피살되었다(향년 40세).

문제아였던 존을
따뜻하게 지켜본 고모 부부

'학교가 재미없어!' '숙제 따위, 하기 싫어!' 라고 하면서 여러분들을 곤란하게 만들고 있는 아이들도 있을 수 있습니다. 국어나 미술은 잘하는데 수학과 과학은 전혀 못하고 더 나아가 공부할 생각도 없다……

그렇지만 그들에게는 그들 나름의 생각이 있어서 그런 행동을 하고 있는지도 모릅니다.

사실은 세계적으로 유명한 뮤지션인 존 레논은 어린 시절을 그렇게 보냈습니다. 그는 어떤 성격의 소년이었을까요? 그리고 보호자는 그를 어떻게 키웠을까요? 그의 성장법을 좀 살펴봅시다.

1940년 10월 9일 영국 리버풀에서 태어난 존 레논(출생명 존 윈스턴 레논). 그러나 선원이었던 아버지 알프레드는 아들이 태어날 때 함께 있지 않았고, 남편에게 버림받았다고 느낀 어머니 줄리아도 다른 남자와 동거를 시작하려고 했기 때문에 존은 다음 해 봄부터 이모(어머니 언니)인 마리 스미스의 슬하로 인계되었습니다.

그녀가 존을 키운 인물로 유명한 '미미 이모'입니다.

46년 7월 아버지가 갑자기 선상에서 돌아와 존을 데리고 가버리는데, 어머니가 두 사람을 찾아 자기에게 붙을 것인지 아버지에게 붙을 것인지를 선택하게 했습니다. 존은 결국 어머니를 선택하고, 리버풀로 돌아가 다시 미미 이모에게 몸을 맡기게 됩니다.

어렸을 때 존을 돌본 사람은 미미 이모의 남편 조지였습니다. 온화한 성격이었던 그는 4살이 넘은 존에게 읽기, 쓰기를 가르쳤습니다. 조지는 존을 무릎 위에 올려놓고 매일 밤 신문 제목을 훑어보게 했습니다. 존은 평생 신문을 자주 읽은 것 같은데, 그건 어릴 때 습관이 그렇게 만들었는지도 모릅니다.

존의 소년시절 취미는 침대에서 그림 그리기, 또래 친구들과 놀기, 독서 등이었는데, 글읽기에 관해서는 조지의 공헌이 있었다고 할 수 있습니다. 미미 이모는 이런 이야기를 했습니다.

'그 아이는 게임이나 장난감에 전혀 관심을 보이지 않았어요. 나는 세계 단편 걸작선(전12권)을 가지고 있었고, 둘 다 책을 좋아했어요. 존은 다시 원래대로 돌아가서 몇 번이나 되풀이해서 읽었어요. 특히 발자크를요. 제 생각에는 훗날 그의 가사 속에는 발자크가 많이 들어 있어요. 어쨌든 그 아이는 열 살이 될 때까지 대부분의 고전을 읽었어요. 그 아이는 상상력이 풍부해서 직접 이야기를 만들고는 둘이서 그 얘기를 했어요.'(《존 레논 상(ジョン・レノン 上)》レイ・コールマン著 岡山徹訳 講談社)

존은 자신이 열중할 수 있는 과목(국어, 미술, 불어 등)은 공부를 잘했지만, 수학은 잘하지 못했고, 공부도 하지 않았다고 합니다. 그런 그의 태도는 언뜻보기에 태만하고 게으른 문제아처럼 보일 때도 있었습니다. 학교나 수업이 지루하다고 느끼고 있던 존이었기 때문에 좋아하는 것 이외에는 정성이 들어가지 않았던 것일지도 모릅니다.

그러나 존은 스스로는 자신이 하고 싶은 것을 알고 있었던 것 같습니다. 그는 미미 이모로부터 숙제를 하라는 등의 꾸지람을 들을 때마다 이런 말을 했습니다.

'내가 뭘 하고 싶은지는 알고 있다. 그런데 선생님으로부터 그것은 얻을 수 없다. 그것은 여기에 있어(같은 책).' 존이 '여기'라고 두드린 장소는 자신의 '가슴'이었습니다.

　　교육상담사로서의 나의 경험에서도 서투른 과목을 부모님이나 선생님이 무리하게 좋아하게 하려고 해도 좋아하게 되는 아이는 없습니다. 오히려 싫어하는 과목을 강제로 시키면 점점 싫어하게 되는 아이들이 많다고 생각합니다.

　　존 레논도 그런 유형의 친구였습니다. 자기가 좋아하는 국어나 미술 등의 특기과목은 꾸준히 공부했지만, 수학 등 싫어하는 과목에 대해서는 잘하지 못하여 전혀 공부하지 않았습니다. 좋아하는 것 이외에 열중하려고 하지 않는 존은, 학교의 선생님이 보기엔 '문제아'입니다. 하지만 싫어하는 것도 하지 않으면 안 되는 학교생활은 그에게 있어서는 너무 지루한 것이었습니다.

　　미미 이모로부터 '숙제해라, 공부해라'라고 잔소리를 들었을 때 존은 '내가 무엇을 하고 싶은지 알고 있어'라고 자기자신의 마음을 가리켰지만, 이것은 아주 중요한 진실을 가르쳐줍니다. 아이가 정말 해야 할 일은 사실은 아이도 스스로 알고 있습니다. 이것는 '아동 중심 교육'에도 이어지는 중요한 가르침입니다.

아이는 '자기가 하고 싶은 일'을
자기 마음속으로 알고 있다

"

'왜?'
'왜 그런 거야?'라고
질문만 한다

"

에디슨의

성장법에서 배워봅시다

토머스 에디슨(Thomas Edison)
(1847~1931)

미국의 발명가, 기업가. 평생 취득한 특허는 1300건을 넘어 '최후의 발명왕'이라는 별명을 갖고 있다. 12세 때 철도신문의 판매원이 되어 자택 지하실에 마련된 실험실을 열차 안으로 옮긴다. 1862년 거기서 화재를 일으켜 차장에게 두들겨 맞았고, 그 이후 귀가 잘 들리지 않았다고 한다. 그의 전성기는 30대 전반으로, 그레이엄 벨이 발명한 전화기를 개량한 가변저항형 전화기를 고안하여 78년 특허를 땄다. 이것이 현재의 전화기의 원형이 되었다. 축음기를 처음 조립한 것도 이 무렵(1877년)의 일이다.

아들의 질문 공세에
끈기 있게 대답해 준 어머니

백열구, 축음기, 영사기의 이른바 '3대 발명' 외에도 전화, 타자기, 전기철도, 시멘트, X선 장치, 고무 등 토머스 에디슨이 발명한 것은 약 3000건이나 된다고 합니다(실패작 포함). 토머스는 '20세기를 발명한 남자'라는 찬사도 받지만, 확실히 그가 다양한 문명의 이기를 발명하지 않았더라면 현재 우리의 생활 풍경은 지금과는 많이 달랐을 것입니다.

1847년 미국 오하이오주 밀란에서 일곱째 아이로 토머스는 태어났습니다. 바로 위의 세 아이가 죽었기 때문에 어린 시절의 그는 부모로부터 소중히 키워졌다고 합니다.

그러나 어린 시절의 토머스는 아버지 사뮤엘과 어머니 낸

시를 상당히 곤혹스럽게 만들었습니다.

왜냐하면 토머스가 상당한 '질문광'이었기 때문입니다. '새는 하늘을 날 수 있는데 왜 인간은 날 수 없는 거야?' '풍선은 가스를 넣으면 하늘 높이 날아가는데 왜 사람은 못 나는 거지?' '거위는 왜 알 위에 앉아 있는 거야?' 등……

연달아 질문을 던져 오는 아들 토머스였습니다만, 어머니는 매정하게 대응하지 않고, 정성스럽게 아들의 물음에 대답해 주었다고 합니다. 예를 들어 앞서 말한 마지막 질문에 대해서 어머니 낸시와 아들 토머스의 대화는 이러했을 것이라고 상상할 수 있습니다.

'엄마, 거위는 왜 알 위에 앉아 있어?'

'알을 따뜻하게 해주려고'

'왜 따뜻하게 해?'

'알을 부화시키기 위해서야'

'알을 왜 부화시키는 거야?'

'거위 새끼를 알 껍질에서 꺼내어 태어나게 하려는 거야.'

이런 대화를 통해 어머니가 수수께끼를 풀어줌으로써 호기심을 불러일으켰던 것입니다. 나중에 토머스는 어머니에 대해 이렇게 말하고 있습니다.

'오늘의 제가 있는 것은 어머니 덕분입니다. 어머니는 매

우 성실하시고 저를 신뢰해 주셨기 때문에 저는 이 분을 위해 살아야겠다고 생각했습니다. 이 분만은 실망시켜 드릴 수 없다고 생각한 것입니다.'(《에디슨 20세기를 발명한 남자(エジソン二十世紀を発明した男》 ニール·ボールドウィン著 椿正晴訳 三田出版会)

어머니와 관련해서 말한다면 '초등학교 퇴학사건'도 토머스에게는 인생의 전환점이 될 사건이었을 것입니다. 여덟 살 때 이사 간 포트 휴런에서 새 학교를 다니기 시작한 토머스였는데, 학교 경영자이기도 한 앵글 선생님에게 '네 머리는 썩었어!'라고 꾸지람을 들었습니다.

이 이야기를 들은 어머니는 격노하여 불과 3개월 만에 초등학교를 그만두게 한 것입니다. 그리고 어떻게 했는가 하면 어머니는 직접 아들을 교육시키기로 한 것입니다.

어머니는 책을 많이 사와서 토머스에게 주었고, 채소 저장고로 쓰이던 지하실을 그의 실험실로 만들어 주었습니다. 그는 그전에 불이 어떻게 움직이는지 확인하기 위해 헛간에 불을 지른 적도 있었지만(대참사가 일어나기 전에 불은 꺼졌다), 그의 실험 정신은 어머니의 이해가 밑받침이 되어서 발전된 것만은 틀림없습니다.

'천재란 1%의 영감과 99%의 노력의 산물이다'라는 말은

그의 가장 유명한 말이지만, 그는 '영광'과 동시에 '노력'의
소중함도 알려주고 싶었는지 모릅니다.

▶ 토머스 에디슨. 특허 수는 1300건
이상이라고 한다.

'발명왕'으로서 유명한 토머스 에디슨은 어릴 적에 이른바 "질문광"이었습니다만, 이때의 어머니의 태도가 지극히 훌륭했습니다. 평소 같으면 싫을 정도로 끈질긴 아이의 물음에 대해서 하나 하나 끈기 있게 정성스럽게 대답했습니다.

어떻습니까? 많은 보모는 '그런 건 아무래도 상관없지!' '적당히 좀 해!' 등이라고 말하고 싶어지는 것이 아닐까요. 그렇지만 토머스의 경우, 어머니가 하나하나의 물음에 대해서 함께 생각하고, 정성스럽게 대답해 가는 과정을 통해서, '수수께끼를 풀어나가는 기쁨'을 체험했다고 생각합니다.

중요한 것은 마구잡이로 나온 물음이 아니고, '아이가 어떤 물음을 세웠는가?'라고 하는 것. 그것에 의해서 '어떻게 살아가면 좋을까?'라고 하는 사고력을 기르는 계기로도 된 것입니다.

또 어머니가 훌륭했던 또 한 가지는 학교를 자퇴한 아들을 스스로 교육시켰다는 점. '학교가 버려도 부모는 버리지 않는다' 이 자세가 그의 재능을 키운 것입니다.

물음에 끈기 있고 정성스럽게 대답함으로써
아이의 지적 호기심은 발달한다.

부모로서 신경이 쓰인다 ……

아이를 예술의 길로
가게 하고 싶지만 ……

피카소의

성장법에서 배워봅시다

파블로 피카소(Pablo Picasso)
(1881~1973)

스페인 태생의 화가, 조각가, 판화가. 로트렉의 영향을 바탕으로 가난한 사람들의 생활을 짙은 파란색으로 그리는 '청색 시대'(1901~04), 네덜란드 여행 후, 서정성이 가미된 '장미색 시대'(05~06) 등을 거쳐, 조르주 브라크와 함께 입체파(큐비즘)를 창시. 피카소의 입체파는 1907년 제작의 <아비뇽의 처녀들>이 시작이다. 그후 1925년쯤부터는 초현실주의(쉬르 레알리즘)의 영향을 받아 37년에 <게르니카>를 발표. 파리 레지스탕스 운동의 투사들과 친하게 지냈다.

아들의 그림 재능에 놀라
그림 도구를 물려준 아버지

<아비뇽의 처녀들> <게르니카>를 비롯한 회화뿐 아니라, 조각, 판화, 무대장치, 시작(詩作) 등 예술에 얽힌 다양한 것에 재능을 발휘한 파블로 피카소. 20세기를 대표하는 예술의 거장입니다. 작품 수만 해도 6만 점이라고도, 8만 점이라고도 일컬어지는데, 피카소의 일화는 어릴 적부터 특이했습니다.

예를 들어 어머니 마리아에 의하면, 말을 배우기보다 그림을 그리기 시작한 게 먼저라든가, 처음으로 한 말이 "피스, 피스"였다고 하는 것. '피스'는 연필(라피스)의 유아어입니다. 피카소는 확실히 '신동'으로서 이 세상에 태어난 것입니다.

피카소의 어린 시절의 일화로 유명한 것은 아버지 호세 피카소 로페스가 아들의 그림이 너무나 멋져서 그림 도구 일체를 아들에게 물려주었다고 하는 것입니다. 사실 아버지는 미술 교사로 식당 장식이 전문인 화가이기도 했습니다. 자주 그린 것은 새의 깃털과 나뭇잎. 특히 비둘기가 마음에 들었다고 합니다.

아버지가 어느 날 밤 큰 정물화를 아들에게 맡기고 외출했더니, 귀가 후 비둘기 부분은 이미 완성되어 있었습니다. 게다가 그 비둘기는 마치 살아 있는 것 같았다고 전해집니다. 아들이 그린 비둘기 그림에 감동한 아버지는 '너의 재능은 나보다도 훨씬 뛰어나다'라고 하여, 두 번 다시 화필을 잡는 일은 없었습니다. 아들 피카소의 그림을 누구보다도 찬양하고 그 장래를 기대했던 사람이 아버지였다고 생각할 수 있을 것입니다.

하지만 피카소가 20세기를 대표하는 화가까지 성장한 배경에는 천부적인 재능만이 이유는 아닙니다. 아버지는 학생을 가르치듯 아들에게 그림 기법을 가르쳤고, 아들 또한 탐욕스럽게 그것을 배워갔던 것입니다.

또 1895년 초여름에는 말라가로 휴가를 가던 도중에 마드리드에서 하차하여 아버지와 아들은 프라도 미술관을 찾았습니다.

피카소에게 벨라스케스나 고야 같은 세계의 이름난 화가의 기법을 직접 접하게 한 것은 틀림없이 아버지였던 것입니다.

아버지의 행동이 아들에게 끼친 영향으로는 아버지가 바르셀로나의 미술교사로 임명되었기 때문에 그곳에 부임한 것도 좋은 기회였다고 생각할 수 있습니다. 피카소는 평생 바르셀로나와는 뗄래야 뗄 수 없는 인연을 갖게 되는데, 그의 땅과 피카소를 이어준 인물도 아버지였다고 할 수 있습니다.

바르셀로나를 진심으로 사랑했던 피카소는 14세 때 원래 미술학교에 갈 수 있는 나이는 아니지만, 아버지의 도움으로 입학할 수 있게 되어 화가의 길로 첫발을 내딛습니다.

시험과목은 고대상(古代像), 정물, 모델사생, 유채의 4개. 학생들은 이 그림을 다루는데 대개는 한 달이 걸리지만, 피카소는 하루 만에 끝냈고, 게다가 그 기술은 시험관의 눈을 크게 뜨게 하기에 충분했습니다.

피카소의 청년시절의 작품에는 <맨발의 소녀>(1895년),

<첫 영성체>(1896년), <과학과 자비>(1897년) 등이 있습니다. 모두 10대의 인물이 그렸다고는 생각되지 않을 만큼 정밀한 필치로 완성도가 매우 높습니다. 다만 어느 작품에서도 아버지의 지도가 영향을 끼쳤다는 점은 부인할 수 없습니다.

아버지의 기술 지도가 있었기 때문에 피카소는 화가로서 제대로 된 진로를 걸어갈 수 있었던 것입니다.

미술계의 거장 파블로 피카소는 '말을 익히기보다도 그림을 먼저 그렸다'는 일화가 있을 정도로 천재였습니다. 그의 재능을 키운 것은 그것을 눈여겨본 아버지가 철저한 영재교육을 실시한 것이겠지요. 아버지 자신도 화가였지만, 피카소의 재능에 홀딱 반한 나머지 자신이 가지고 있던 그림 도구들을 모두 아들에게 물려주었습니다.

또 아버지는 학생을 가르치듯이 피카소에게 그림 그리는 법을 지도하였습니다. 게다가 아들을 미술관에 데려가 세계의 유명 화가들의 기법을 접하게 했습니다.

양육에 대해 상담을 하다 보면 부모님으로부터 자주 '영재교육이 필요한가요?' '조기교육이 유효한가요?'와 같은 질문을 받습니다. 피카소를 비롯한 다수의 예술가들은 부모의 철저한 조기교육, 영재교육을 실시하고 있기도 합니다. 적어도 예술 분야에 있어서는 조기교육은 의미가 있을지도 모릅니다. 피카소의 경우도 아버지가 시종일관 그를 신뢰하고 기대한 것이 그 재능을 꽃피운 요인이 된 것이겠지요.

예술 분야에서의 조기 교육은 의미가 있지만,
아이의 반응을 보고 결정하는 것이 좋다.

부모로서 신경이 쓰인다 ……

“

'교육엄마(아빠)'처럼
대하다

”

모짜르트의
성장법에서 배워봅시다

볼프강 아마데우스 모차르트(Wolfgang Amadeus Mozart)
(1756~1791)

오스트리아 잘츠부르크 태생. 작곡가. 아버지 레오폴트의 지도와 타고난 음악적 재능으로 어릴 적부터 그 이름이 널리 알려진다. 1762년 이후 아버지와 함께 유럽 각지를 연주하면서 여행. 81년 빈에서 독립하지만 경제적으로 불우해, 91년 12월 5일 숨을 거뒀다(향년 35세). 가난 속에서 죽은 모차르트는 가난한 사람들과 마찬가지로 공동묘지에 묻혀 십자가조차 세워지지 않았다고 전해진다. 작품에 <피가로의 결혼> 돈 조반니><마적(마술피리)> 등 다수.

모차르트의 재능을
꽃피운 것은 '여행'

"나 좋아해? 정말 좋아해?"

이것은 어릴 적 볼프강 아마데우스 모차르트가 주위 사람들에게 자주 물어보던 말입니다. 사랑하고 사랑받는 것에 특히 민감했던 소년 볼프강은 하루에도 몇 번이나 이런 말을 했습니다. 비록 농담 삼아 한 말이라고 해도 이 사실이 부인되면 곧 눈물을 흘리며 슬퍼했다고 합니다.

어린 시절의 볼프강은 이 일화에서 보듯이 감수성이 풍부하고 여린 성격을 지녔습니다. 하지만 그런 그의 성격을 강하게 만든 계기가 있습니다. 그것이 '여행'이었습니다.

볼프강의 경우 '여행'이라고 해도 단순한 여행이 아닙니다. 아버지 레오폴트, 네 살 위 누나인 난네를(마리안네)과 함께 연주하면서 유럽 각지를 돌아다녔습니다.

볼프강의 음악에 관한 천부적인 재능을 간파한 것은 아버지 레오폴트였습니다. 아버지는 바이올린 연주자, 궁정 작곡가 등의 직함을 가진 음악가로 1756년에는 《바이올린 교정》이란 지도서를 출판했습니다. 처음에 아버지는 누나 난네를의 클라브생(쳄발로)을 지도하고 있었는데, 그녀가 치는 음색에 열심히 귀를 기울였던 것이 볼프강이었습니다. 그리고 1762년 이제 막 여섯 살이 된 그는 직접 만든 악보를 아버지에게 자랑스럽게 보여드렸습니다. 볼프강은 문자를 습득하는 것보다도 작곡을 빨리 한 것입니다.

악보는 종이에 갈겨 쓴 것이었지만, 거기에는 확실히 음악이 그려져 있었습니다. 아들에게 음악의 재능을 인정한 아버지는 이대로 두기 아깝다며 볼프강과 함께 행동을 시작합니다. 그것이 연주하면서 '여행'을 하는 것이었습니다.

아버지 레오폴트의 평가로서 '<교육아빠>와 같이 고압적으로 아이를 대했다.', '어린 아이들에게 연주를 배우게 해서 구경거리처럼 하여 돈을 벌었다' 등으로 나쁘게 말하는 경우가 있습니다. 확실히 상황을 생각하면 그런 악평을 주고 싶은 것도 모르는 것은 아니지만, 레오폴트는 아들의 음악적 재능을 키우기 위해 클라브생 외에 바이올린, 오르간 등 다양한 악기를 가르치고 가창 공부도 시켰습니다. 또 외국어나 기초적인 학문도 동시에 배우게 했습니다. 이러한 복합적인 학습이 볼프강의 능력을 더욱 향상시키는 데 도움이 되었다고 생각할 수 있습니다.

볼프강이 아버지 레오폴트와 헤어지고, 어머니 안나 마리아와 함께 고향 잘츠부르크에 작별을 고한 것은 1777년 9월 23일. 이때 볼프강은 21세가 되었습니다. 이후 아버지와 아들의 이반은 눈에 띄게 되었는데, 반대로 말하면 볼프강은 21세가 될 때까지 아버지의 비호 아래 있었다고 볼 수 있습니다. 그러기에 근세를 대표할 정도의 음악가가 될 수 있었다고도 말할 수 있습니다.

1778년 2월 7일자 아버지에게 쓴 편지에서 볼프강은 이렇게 밝혔습니다.

'저는 작곡가이자 악장으로 타고났습니다. 신이 이렇게 풍족하게 주신 저의 작곡의 재능(이라고 자부할 수 있습니다. 라고 하는 것도 지금처럼 그것을 느끼고 있는 적은 없기 때

문에)이 파묻히는 것은 허락되지 않습니다'

그에게 이런 강한 자신감을 줄 수 있던 것은 다름 아닌 아버지의 교육이었습니다.

▶ 볼프강 아마데우스 모차르트. 그의 평생의
여행 일수는 연 10년 이상이라고 한다.

교육엄마, 교육아빠라고 불리는 것에 거부감을 가지시는 분들도 계실지 모릅니다. 하지만 특히 예술분야에서는 아이들이 어릴 적부터 영재교육을 받는 경우가 종종 있습니다. 볼프강도 그런 영재교육으로 재능을 꽃피울 수 있었습니다. 아버지가 그를 데리고 연주하면서 유럽 각지를 돌아다니는 여행을 한 것이 그에게 큰 영향을 미친 것입니다.

'아이의 재능'은 그냥 놔둔다고 개화되지 않습니다. 스위스의 아동 심리학자 피아제는 원래 가지고 있는 재능과 환경과의 상호작용에 의해 아이의 재능이 열린다고 합니다. 따라서 부모의 역할은 아이의 재능이 발휘되기를 가만히 기다리는 것이 아니라 환경적인 자극을 주는 데 있습니다.

당신의 자녀에게도 사실은 '천부적인 재능'이 숨어 있을지

도 모릅니다. 그러나 그 재능을 꽃피울 수 있느냐의 여부는
부모인 당신이 자녀에게 얼마나 좋은 경험과 교육을 줄 수
있느냐에 달려 있다고 할 수 있습니다.

　주저하지 않고 경험과 교육을 주는 것이
아이의 '숨어 있는 재능'을 꽃피운다

부모로서 신경이 쓰인다 ······

"

학교에서 장난만
치는 것 같다

디즈니의
성장법에서 배워봅시다

월트 디즈니(Walt Disney)
(1901~1966)

미국 영화 제작자. 1919년 상업 미술의 세계에 발을 들여놓았고, 23년 형 로이와 함께 로스앤젤레스에서 애니메이션 영화사 '디즈니 브라더스 스튜디오'를 설립. 단편 <앨리스의 이상한 나라> <토끼 오스왈드> 등이 호평을 얻고, 28년에 미키 마우스를 등장시킨 <미친 비행기>를 제작. 같은 해 첫 발성 애니메이션 영화 <증기선 윌리>를 완성하며 명성을 떨쳤다. <판타지아>(41년)에서는 스테레오 사운드를 사용함으로써 영화의 가능성을 넓혔다.

월트 디즈니의 명언 '4개의 C'

미키 마우스, 미니 마우스 등, 우리에게 친숙하기 쉬운 캐릭터를 만들어, 디즈니랜드를 창설한 크리에이터, 애니메이터인 월트 디즈니(본명 월터 일라이어스 디즈니). 미국 시카고에서 아버지 일라이어스와 어머니 플로라의 넷째 아들로 태어났습니다.

월트가 두 살 때 여동생 루스가 태어난 것을 계기로 아버지는 5명의 아이들을 안전하고 자연이 풍부한 곳에서 생활하게 해주고 싶어서 미주리주의 마셀린으로 이주했습니다.

월트의 마음속 풍경은 웅대한 자연이 펼쳐져 있는 마셀린에 있었습니다. 마셀린역에 역에 처음 내렸을 때의 풍경을 월트는 평생 잊지 않았다고 합니다.

자연에 둘러싸인 삶 속에서 소년 월트의 마음도 자유로워집니다.

어느 날의 일. 여동생을 돌보고 있던 그는 콜타르(석탄에서 나온 검은색 액체)가 든 통을 보게 됩니다. 이제 집 벽에 그림을 그려야지! 하고 설레는 마음으로 발밑에 떨어져 있던 나무 조각을 붓 대신으로 월트는 성냥개비와 같은 사람을 본뜬 캐릭터나 사각형 굴뚝으로 연기를 내뿜고 있는 집 등을 그려 여동생을 기쁘게 했습니다.

그런데 콜타르를 사용해서 그린 그림은 지울 수가 없었습니다. 월트는 아버지와 어머니로부터 호된 꾸지람을 들었습니다.

그 후에도 무럭무럭 성장한 월트이지만, 호기심 왕성한 성격은 '주위를 즐겁게 해 주고 싶다'라고 하는 그 자신의 생각과 맞물려 한층 더 성장해 갑니다.

아버지의 농장이 경영난에 빠지자 캔자스시티로 이사하게 된 월트는 8년제 초등학교에 다녔는데, 거기서의 성격 평가는 '집중력이 떨어진다'는 것. 침착하지 못한 성격이었던 것 같아 수업은 제대로 듣지 않고 끈으로 묶은 쥐를 교실에서 달리게 하여 선생님을 난처하게 만들곤 했습니다. 월트는 이 장난으로 인해 며칠 동안 등교가 금지되었습니다.

그러나 월트의 이러한 행동을 따뜻한 눈으로 지켜보는 사람도 있었던 것은 확실합니다.

마셀린 시절, 농장에는 종종 친척들이 찾아왔는데, 마거릿 숙모는 매번 새로 발매한 연필, 크레용, 종이를 가지고 와 주었습니다. 농장을 경영하던 아버지 일라이어스는 쓸데없는 돈을 쓰지 않는 성미여서, 월트가 잘 그리는 그림을 위해 뭔가를 사주는 일은 하지 않았습니다.

그는 "마거릿 숙모가 자신의 그림을 칭찬하고 격려해 준 것이 무엇보다 고마웠다"고 훗날 말했습니다.

또 자신이 그린 그림이 돈을 버는 방법이 된다는 것을 알게 된 것도 유년시절의 일. 일곱 살 때쯤에 이웃에 사는 나이든 의사가 "말을 팔 테니 기념으로 그림을 그려 달라"는 부탁을 받은 월트는 자신이 가진 힘을 최대한 쏟아부어 그렸습니다. 2시간 뒤 완성된 그림을 본 의사는 매우 기뻐하며 25센트짜리 은화를 주었습니다.

월트의 그림이 처음으로 팔리는 순간이었습니다.

월트 디즈니의 명언으로 알려진 것 중 다음과 같은 것이 있습니다.

꿈을 이루는 비결은 '4개의 C'에 있다고. 그 4개의 C란

Curiosity(호기심), Courage(용기), Constancy(일관성), Confidence(자신감)의 C를 의미합니다.

월트가 어린 시절에 다른 사람을 대상으로 한 장난도 호기심이 빚어낸 결과였다고 생각할 수 있을 것 같습니다.

양육에 활용하고 싶은  포인트

어린 시절의 월트 디즈니는 집중력이 부족하고 침착하지 못한 성격이었습니다. 수업중에도 여러 가지 장난을 쳤던 것 같습니다. 학교 선생님으로서는 곤란하지요. 하지만 그러한 월트의 행동은 사실 그의 '주위를 즐겁게 하고 싶다'는 서비스 정신의 표현이었던 것입니다.

그가 자신의 능력과 개성을 발휘할 수 있었던 하나의 계기는 마거릿 숙모가 칭찬해 준 것, 그리고 이웃의 나이든 의사가 월트가 그린 그림을 사 준 것이었습니다. 역시 '남에게서 인정받는 체험'에 의해 개성이나 능력은 성장해 갑니다. 특히, 의사 선생님이 그림을 사 준 것은 '자신이 좋아하는 것이 일이 되는구나!'라고 하는 것을 월트에게 깨닫게 해 준 큰 체험이었을 것입니다.

부모로서도 아이의 서비스 정신이나 개성의 발휘를 인정해 주고 싶은 것입니다. 그러면 아이도 그 기대에 부응하여 자신의 능력을 발휘해 나가는 것이 아닐까요. 단, 이렇게까지 장난을 좋아하는 아이를 칭찬하는 것도 꽤 어렵겠지만.

　　아이의 장난은 '서비스 정신'의 발로.
　　어른이 인정하고 격려함으로써
　　개성과 능력이 된다.

> 잡동사니나
> 쓸데없는 것들을
> 종종 주워온다

라이트 형제의
성장법에서 배워봅시다

라이트 형제(Wright Brothers)
〈〈형〉월버 1867~1912/〈동생〉오빌 1871~1948〉

미국의 발명가 형제. 항공의 선구자. 어려서부터 기계류에 흥미를 가지고 재능을 발휘. 공동으로 자전거 제조판매업을 하면서 독일의 기계제작자 오토 릴리엔탈(글라이더에서 비행실험 중 돌풍에 의해 추락사)의 비행실험에 자극받아 비행기(글라이더) 제작을 연구하기 시작한다. 1902년부터 제1호기(전중량 370kg, 가솔린엔진 12마력)의 제작에 착수했고, 이듬해 12월 복엽기로 인류 최초로 동력비행에 성공했다. 그후 월버는 라이트 항공회사를 세웠고, 오빌은 연구자가 되었다.

고철을 모아 동네를
돌던 형제의 속마음

내 아이는 장차 어떤 직업을 가질까? 남자아이로 활발한 것은 좋지만, 침착하지 못하고, 장난감은 금방 부숴 버린다 ……제대로 된 어른으로 성장할 수 있을까? 그러면 어떤 양육 방법을 하면 좋을까?

특히 엄마 입장에서는 남자아이는 성별도 다르고, 행동은 알 수 없는 것 투성이다. 그런 고민을 안고 있을 때는 라이트 형제의 성장 방법이 참고가 될 것입니다.

1903년 12월 17일 오전 10시 30분. 장소는 미국 노스캐롤라이나주의 킬데빌힐스. 이 꺼림칙한 지명과는 달리 이 땅에서 인간은 마침내 스스로의 힘으로 하늘을 날 수 있었습니다. 그것을 실현 가능하게 한 것이 윌버와 오빌의 라이트 형제입니다. 그들이 첫 비행을 했을 때의 높이는 불과 3미터이고, 거리도 37미터였지만, 인류에게는 매우 큰 첫걸음이 되었습니다. 이렇게 위대한 업적을 이 세상에 남긴 라이트 형제는 부모 밑에서 어떻게 자라났을까요?

라이트 형제의 아버지 밀턴은 목사였습니다. 교회 근무가 주였지만, 순회 목사도 겸하고 있어 개척지를 도는 일도 잦았습니다. 집에서 아들들과 생활을 같이 할 시간은 그리 많지 않았습니다.

그런 아버지의 존재를 보완해 준 것이 어머니 수잔입니다. 그녀의 조상은 독일계로, 차를 만드는 일을 직업으로 했습니다. 수잔은 아들들을 종종 자기 아버지(라이트 형제로는 할아버지) 곁으로 데리고 가서 일에 쓸 목공 선반 등을 바라보게 했습니다. 형제는 그때 기계에 직접 접촉하지는 못했지만, 동생 오빌은 나중에 "그 이상한 동작은 해가 지남에 따라 점점 더 선명하게 되살아나 우리로 하여금 공작에 열중하게 만드는 밑거름이 되었다"고 말했습니다. 그들이 동력을 처음 보고 흥미를 느낀 것은 할아버지 집에서 보았던 목공 선반이었다고 볼 수 있습니다.

더욱이 라이트 형제를 항공의 길로 크게 나아가게 한 요인 중 하나는 어머니 수잔의 자녀교육에 있습니다. 예를 들어 그들이 장난감을 망가뜨렸을 때 그녀는 무조건 나무라지 않고 "어떻게 하면 고칠지 생각해라. 궁리하면 너희들 스스로 할 수 있을 것이다"라고 타일러 주었다고 합니다. "할 수 없어!"라고 아이들이 반박을 해도 마음을 독하게 먹고 "안돼"라고 허락하지 않았습니다.

수잔이 직접 도구를 수리하거나 할 수 있을 정도의 재주를 가지고 있었던 적도 있지만, 그 무렵 영국에서 시작된 산업혁명의 물결이 미국에도 밀려오고 있었습니다. 증기기관차, 전화기, 축음기 등 당시 최첨단 기술이 물건으로 실용화된 시대입니다. 그 시대의 흐름이 그들의 의식을 북돋아주고 있었습니다.

만드는 재미를 알게 된 그들 라이트 형제는 근처에 사는 고철집 아저씨를 찾아가 망가진 세발자전거를 받아 온 것을 떠올립니다. 아저씨가 일찍이 "마차나 짐수레가 있으면, 더 멀리까지 가서 일을 할 수 있을 텐데……"라고 한탄하고 있던 것이 생각났습니다.

형제는 스스로 세발자전거를 분해하고 쇠바퀴를 짐칸에

달자 훌륭한 수레가 완성되었습니다. 바퀴를 지탱하는 축과 그 주위 부분의 저항을 줄이기 위해 스핀들유를 바르도록 조언한 것도 어머니 수잔이었습니다. 이렇게 고철을 모으는 일을 돕게 된 라이트 형제는 아저씨로부터 일의 대가로 돈을 받고 공작도구를 구하러 갔습니다. 라이트 형제가 비행기의 실용화를 현실화시키는 원점은 어머니와 함께 보낸 어린 시절에서 찾을 수 있습니다.

▶ 첫 비행시의 라이트 형제. 조정하고 있는 사람은 동생인 오빌이고, 옆에 있는 사람이 형인 윌버.

남자아이 중에는 거리를 걸어가면서 쓸모없는 것을 주워 오거나 모으거나 하는 아이도 있을 것입니다. 그러나 그런 '수집벽'에는 아이의 호기심의 '씨앗'이 채워진 것입니다. 라이트 형제도 그랬습니다. 만드는 재미를 알게 된 라이트 형제는 근처에 사는 고철집 아저씨를 찾아가 부서진 세발 자전거를 받아 직접 해체수리를 합니다. 그리고 고친 세발 자전거를 이용해 고철 수집을 돕게 되고, 아저씨로부터 일의 대가로 돈을 받고, 공작도구를 구입해 갑니다.

이것들을 읽어 보면, 아이들의 '수집벽'이야말로 확실히 '창작 의욕의 원점'이라고 말할 수 있을지도 모릅니다.

라이트 형제가 장난감을 망가뜨렸을 때 어머니는 무조건 나무랄 것이 아니라 "어떻게 하면 고칠지 생각하라. 네가 스스로 할 수 있을 테니까"라며 몇 번이나 다시하게 합니다. '스스로 생각하는' 체험을 통해서 아이의 창작에 대한 의욕이나 능력이 길러져 가는 것입니다.

수집벽은 창작력을 기르는 원점이 된다.
일단은 따뜻하게 지켜보고 싶다.

어휘력·커뮤니케이션

능력을

높이다

어린이집이나 유치원,

그리고 초등학교에 다니게 되었지만,

아무래도 말을 잘하지 못한다.

커뮤니케이션이 잘되지 않는다…….

그런 아이들도 적지 않을 것입니다.

하지만 괜찮아!

아이는 자기 마음속에서

제대로 '대화'하고 있습니다.

열 살이 되었는데도
별로 말이 없다

아인슈타인의
성장법에서 배워봅시다

알베르트 아인슈타인(Albert Einstein)
(1879~1955)

독일 남부 울름 태생. 이론 물리학자. 베른의 특허국 엔지니어를 거쳐 베를린대학 등에서 교편을 잡지만, 1933년 나치 정권이 지배하고 있던 독일을 떠나 미국으로 건너가 프린스턴 고등연구소에서 연구자로서 생활했다. 일반상대성이론을 발표한 것은 그 이전인 16년으로 '태양 옆을 지나는 광선이 굴절된다'는 것을 예측했다. 제2차 세계대전 때 나치의 힘을 빼기 위해 미국의 루즈벨트 대통령에게 원자폭탄의 개발을 권고하기는 했으나, 전쟁 후에는 핵전쟁을 일으키지 않도록 주장했다.

좀처럼 말이 없다.
그는 무슨 생각을 했을까?

20세기를 대표하는 물리학자 알베르트 아인슈타인. '상대성이론' 등을 발표하여 1921년에 노벨 물리학상을 수상했습니다. 내용 자체는 모르더라도 '상대성이론'이라는 말을 한 번은 들어보았을 것입니다.

사실은 '상대성이론'이라는 하나의 정리된 논문은 없고, '움직이는 물체의 전기역학'(1905년)과 '일반상대성이론의 기초'(1916년)라는 여러 논문의 총칭으로 볼 수 있습니다. 전자는 이른바 '특수상대성이론'으로 빛에 대한 논문. 후자는 논문 이름 그대로 '일반상대성이론'으로 중력에 대한 논문입니다. 후자는 전자의 이론을 응용하면서 좀 더 고도의 논문으로 완성되었습니다.

1879년, 알베르트는 독일 남부의 작은 마을 울름에서 태어났습니다. 그가 태어난 2년 후에는 여동생 마야가 출생했습니다.

아버지 헤르만과 어머니 파울린은 어린 알베르토를 돌보다가 어떤 고민을 하게 되었습니다. 아들은 두 살이 넘었는데도 전혀 말을 하지 않는 것입니다. 그것은 네 살이 되어서도 변하지 않았고, 열 살로 성장해서도 그 상황은 별로 달라지지 않았다고 합니다. 부모님도 알베르트를 많은 의사에게 진찰받게 했습니다만 호전되지 않았습니다.

하지만 그런 상황에서도 집중력을 발휘한다는 점에서 알베르트는 누구에게도 지지 않았습니다. 몇 시간씩 나무 쌓기 놀이에 열중하고, 트럼프의 카드로 집을 만드는 데 집중했다고 합니다. 트럼프를 가지고 노는 것에 관해서는 14층 건물의 카드집을 지었다는 일화도 전해지고 있습니다.

말은 잘하지 못했지만 한 가지를 꾸준히 또박또박 앞으로 나아갈 줄 아는 소년이었습니다.

또한 알베르트의 말에 관한 불편함은 열 살을 넘어서면서 금새 개선되어, 그 후로는 대화가 곤란하지 않게 되었다고 합니다. 후년에 알베르트는 "나는 말로 사물을 생각하는 일이 거의 없다"라고 말했습니다. 이것은 자신의 재능을 뽐내기 위한 말이 아니라 사실을 말한 것이라고 생각합니다.

알베르트의 유소년기에 대해서 어린아이를 둔 부모님에게 전해주고 싶은 것은 그가 '학교를 즐거운 장소라고 생각하지 않았다'는 것입니다. 앞서 말한 것처럼, 무슨 일이든 혼자서 하는 것이 성에 맞는 알베르트는 엄하게 교육하려고 하는 선생님이 정말 대하기 싫었습니다. 규칙을 지키지 않거나 답을 틀린 학생을 지팡이로 여러 번 때립니다.

또 맨 뒷자리에 앉은 그는 선생님으로부터는 "선생님을 존경하지 않는 학생"으로 낙인찍혀 더욱 혼났던 모양입니다. 알베르트는 공포에 의해서 길들여지는 행위를 매우 혐오했다고 전해집니다.

그런 알베르트가 좋아했던 것은 독서였습니다. 책은 지식을 강제로 강요하지도 않으며, 자기가 원하는 대로 언제든지 교양을 얻을 수 있습니다. 그가 특히 열심히 읽은 것은 과학자 아론 베른슈타인의 《대중을 위한 자연과학》이라고 하는 책으로, 제목에 '대중을 위한'이라고 붙여져 있는 대로, 자연계를 아이들에게도 알기 쉽게 소개하는 책이었습니다. 그 안에는 빛의 속도에 대해서도 적혀 있습니다. 알베르트가 상대성이론을 쓸 수 있었던 계기 중 하나가 이 책과의 만남이었다고 할 수 있습니다.

빛의 역학에 대해서 그 후에도 끈기 있게 생각해 온 그는
그 후 천재의 이름을 얻는 위대한 이론 물리학자가 됩니다.

아이가 말이 늦다. 세 살이 되었는데도 그다지 말을 하지 않는다…….그러한 언어발달의 지체로 골머리를 앓는 부모님도 적지 않을 것입니다. 알베르트 아인슈타인의 어린 시절은 그런 부모님에게 희망의 빛이 될 지도 모릅니다. 말이 늦었던 알베르트는 열 살을 넘긴 무렵부터 그것이 개선되어 갔습니다.

그의 큰 특징은 발군의 집중력과 열중력이 있었다는 것. 몇 시간 동안 나무쌓기 놀이에 열중했다고 합니다. 어느 분야에서나 그렇겠지만, 무언가에 마음껏 열중하는 힘은 '일류 인간'의 공통된 자질일 지도 모릅니다.

다른 천재들과 마찬가지로 알베르트도 학교와의 사이가 좋지 않은 아이였습니다. 선생님으로부터는 "자신을 존경하지 않는 학생"이라고 간주되었습니다. 이것도 또 '우리 아이는 선생님으로부터 사랑받지 못하는 것 같다……'라고 생각하고 있는 부모에게는 구원이 되는 일화가 아닐까요?

말이 좀 늦어도 괜찮아.
다른 채널에서 사고하고 있는 것일 수도.

"

아들과 소통을
잘하고 싶지만
잘 모르겠다 ……

"

채플린의

성장법에서 배워봅시다

찰리 채플린(Charlie Chaplin)
(1889~1977)

영국 태생의 영화 감독, 희극 배우. 런던 변두리에서 뮤직홀 배우의 자녀로 태어나 어릴 때부터 무대에 섰다. 미국 순회공연중, 슬랩스틱 코미디(소란 스럽고 동작이 과장된 코미디)의 창시자 맥 세넷의 눈에 띄어 영화에 출연. 그후 자신도 감독으로 나서서 많은 단편영화에 이어 1917년 장편 <개의 삶>을 제작. 이후 <키드><황금광 시대><거리의 등불><모던타임즈><독재 자><살인광시대><라임라이트> 등을 발표, 비아냥과 애수를 담은 희극을 스스로 만들고 스스로 출연하여 세계적인 영화인이 되었다.

신나는 워크숍처럼
연기를 가르친 어머니

　장난을 좋아하고, 주의를 주면 두드리거나 깨물기도 한다. 귀엽지만 이성인 아들의 기분을 잘 알기 어렵다⋯⋯. 이런 남자 아이와의 소통에 관한 고민을 안고 있는 어머니도 많을 것입니다. 그럴 때는 가수와 댄서로서 뮤직홀에 서 있던 채플린의 어머니 해나의 양육을 배우면 좋을 것입니다.

　영화 <모던타임즈><독재자> 등으로 알려진 영화 감독, 희극 배우 찰리 채플린은 자신의 어머니에 대해 이렇게 말했습니다.

　"어머니는 제가 아는 사람 중 가장 훌륭한 여성이었던 것 같습니다. 지금까지 많은 사람들을 만나봤지만, 어머니만큼 순수하고 세련된 여성을 만나본 적이 없습니다. 제가

이 세계에서 나름대로 성공할 수 있었다면 그것은 모두 어머니 덕분입니다."(1915년 〈포토플레이〉지에서)

그러면 희극왕 찰리 채플린의 어머니 하나는 어떻게 아들과 소통하고 있었을까요?

자신이 부정을 저질러 여자 혼자서 찰리와 시드니라는 두 아들을 키우던 어머니 하나가 아들들에게 전한 것은 '돈 없이도 즐거움을 찾는 방법'이었습니다. 그중 하나가 이야기를 창작해서 들려주는 것입니다.

예를 들어 창가에 앉아 있을 때 밖을 내다보고는 아들들에게 밖을 오가는 사람들을 주목하라. 그 인물의 복장이나 태도를 바탕으로해서 캐릭터를 만들어내고, 이야기를 즉흥적으로 해주었던 것입니다.

또한 연예인이기도 한 그녀는 자신이 거리에서 본 것을 말을 사용하지 않고 팬터마임만을 써서 표현하여, 두 아이의 상상력을 북돋아주었습니다. 프랑스의 영웅 나폴레옹 보나파르트의 이야기를 할 때는 발끝으로 서서 책장에서 책을 꺼내려는 시늉을 하여 나폴레옹을 표현했다고 합니다.

1920년대 말 영화가 '토키'(=발성영화)가 되고 대사가 붙기 전까지 대사가 없는 '사일런트'(=무성영화)에서는 배우

자신이 재미있고 우스꽝스러운 동작이나 분장을 해 관객을 웃기는 이른바 슬랩스틱 코미디가 주류였습니다.

찰리가 영화인으로서 첫발을 내디딘 것은 무성영화 시대이지만, 그가 팬터마임을 잘했기 때문에 영화의 세계에서 수요가 있었던 것입니다. 찰리 채플린의 이름을 세계에 알리게 한 요인은 어머니 하나의 워크숍(참가체험형 그룹학습)과 같은 팬터마임 강의 때문이라고 할 수 있습니다.

예능에 능할 뿐 아니라 하나는 애정이 깊은 성격으로 가난하지만 당차게 행동하여 두 아들을 항상 격려했다고 합니다.

한편으로 예의범절도 바르고, 아들들이 거친 말투를 할 때는 주의를 주고, 문법이 틀리면 그것을 바로 잡아주었습니다. 어머니의 그런 노력이 결실을 맺으면서 찰리는 배운다는 것에 의욕을 발휘하게 됩니다. 가난할 때는 살 수 없었던 책도 나중에 많이 읽게 되었습니다. 독서는 어른이 되어도 바뀌지 않는 찰리의 몇 안 되는 취미 중 하나가 되었습니다.

어머니 하나는 1928년 8월 63세의 나이로 세상을 떠났습니다. 전날까지 자신과 즐겁게 이야기했다는 어머니를 잃은 찰리는 큰 충격을 받았지만, 만년의 어머니를 돌보며 불편함이 없는 삶을 살게 해드린 것에 대해서는 안도의 마음이 있었을 것입니다.

양육에 활용하고 싶은  포인트

찰리 채플린이 독자적인 재능을 발휘할 수 있었던 것은 어머니의 애정과 세심한 양육이 무엇보다도 큰 영향을 주었습니다. 자기 아들로부터 '이 세상에서 가장 멋진 여자'라는 말을 듣는다면 어머니로서 이렇게 영광스러운 일이 또 있겠습니까?

그러나 그 어머니의 양육은 단지 마음껏 애정을 쏟는 것만이 아닙니다. 찰리가 '어머니만큼 순수하고 세련된 여성은 없다'라는 식으로 그 관계도 아주 세련됐어요. 거리의 연예인이었던 어머니는 자신의 재주를 그에게 보여주기도 하고, 이야기를 즉흥적으로 만들어 주기도 했습니다. 이런 어머니와의 관계를 통해서 찰리는 '이야기를 창삭하는 것의 기쁨'을 체험해 갔을 것입니다.

단순히 착하기만 한 것이 아니라, 아이가 거친 말투를 할 때 주의를 주고 잘못된 문법도 하나하나 정성스럽게 고쳐준다. 이런 것들을 통해서 배움의 기쁨을 찰리는 체험했습니다.

어머니 하나는 확실히 '어머니의 본보기'입니다. 이것은 꼭 본받고 싶은 포인트입니다.

어머니 자신이 양육을 즐긴다.

그것이 아이에게 '삶의 기쁨'을 느끼게 한다.

"

장애를 갖고
태어난 아이
어떻게 키워야……

"

헬렌 켈러의
성장법에서 배워봅시다

헬렌 켈러(Helen Keller)
(1880~1968)

미국 태생의 교육자, 사회복지 활동가. 생후 19개월 때 고열에 시달리다가 나중에 시력과 청력을 잃는다. 전화를 개발한 알렉산더 그레이엄 벨 박사와의 만남을 계기로 미국 최초의 맹인학교인 퍼킨스 맹인학교와 나중에 헬렌의 과외 교사가 되는 앤 설리번을 소개받았다. 앤의 인내심 강한 지도법에 따라 헬렌의 재능이 꽃피움. 미국 여자 교육 명문 래드클리프 대학에 입학. 졸업 후에는 자신이 장애인을 구제해야 할 존재라며 열심히 강연 및 저술 활동에 매진했다.

'인내'를 외우게 하려면
가르치는 쪽에도 참는 것이 필요

'보이지 않고, 들리지 않고, 말을 할 수 없다'고 하는 삼중고를 딛고, 후반의 생애는 세계 각지의 장애인 복지에 지대한 공헌을 해낸 헬렌 켈러. 독자 여러분들 중에도 장애아가 있는 분이 계실지 모릅니다만, 그런 아이와 어떻게 대해야 할까. 그녀의 어린 시절을 바탕으로 그 힌트를 찾아봅시다.

1880년 6월 27일 미국 앨라배마주의 작은 마을 터스컴비아에서 태어난 헬렌 켈러. 그녀는 갓 태어났을 때 밝고 기운이 좋아서 첫 생일을 맞을 때까지 맨발로 걸을 수 있었습니다. 매우 성장이 빠른 아이였던 것입니다.

그런데 1882년 2월 갑자기 고열과 설사 증상이 나타나게 됩니다. 풍진, 성홍열, 뇌척수막염이라고도 하는 그녀의 병세는 위중해서 목숨은 건졌지만, 시력과 청력을 잃고 말았습니다. 엄청난 비극에 어머니 케이트 또한 본디 갖고 있던 명쾌함을 잃었습니다.

고개를 끄덕이면 '예스' 가로저으면 '노' 라는 식으로 자기의 의사를 전달할 수단을 마련하기는 했지만, 헬렌은 마음을 상대에게 제대로 전달하지 못하는 신세가 되었습니다. 그녀는 매우 성급한 성격으로 변해 버린 것입니다.

그런 헬렌에게 한 줄기 광명이 나타난 것은 1887년 3월. 당시 여섯 살이었던 그녀에게 앤 설리번이 가정교사로 찾아온 것입니다. 당시 21세였던 앤은 퍼킨스 맹인학교를 최우수 성적으로 졸업한 인물로 스스로도 시력이 약하다는 핸디캡을 가지고 있었습니다. 그러나 어린 시절에 시력과 청력을 상실한 로라 브리지먼과의 만남을 통해서 손가락 문자를 사용하여 의사소통 능력을 키워나갔습니다. 앤도 로라를 거울삼아 학교를 다니면서 열정을 가지고 공부를 하게 되었습니다.

그런 젊고 행동적인 그녀에게 헬렌의 가정교사가 되어 달라는 요청이 들어온 것입니다. 헬렌의 마음에는 로라, 앤이라는 두 사람의 노력가의 영혼이 담겨 있다고 말할 수도 있을 것입니다.

그러면 성질이 급하고, 부모님과도 의사소통을 잘하지 못하고 있던 헬렌에게 앤은 어떻게 접근해 갔을까요?

앤이 헬렌에게 가르쳐준 것 중 하나는 '참을성을 갖게 한다'는 것이었습니다.

헬렌의 가정교사로 부임한 앤은 헬렌에게 농아자(귀머거리와 벙어리인 사람)용 손가락 문자를 가르치기 위해, 단어를 쓴 후에 그 실물을 쥐게 하는 등 말과 물건을 일치시키는 일을 했습니다. 그런데 집중력이 오래가지 않는 헬렌에게 수업을 받게 하는 것은 어려운 일이었습니다. 배우는데 싫증이 난 그녀는 어딘가로 어슬렁어슬렁 가버리고, 데리고 돌아오면 또 어딘가로……하는 형편이었습니다.그때까지 부모님은 그런 딸의 행동을 '어쩔 수 없다'라는 것으로 허락해 왔습니다.

하지만 앤은 그런 헬렌의 행동을 용납하지 않았습니다. 가정교사라는 자신의 입장을 분명히 하지 않으면 '가르친다'는 행위를 성립시킬 수 없다. 앤은 그렇게 생각하고 있었던 것 같습니다. 그 때문에 주의를 받고 짜증을 내는 헬렌에게 앤은 끈기 있게 참는 법을 가르쳐 줍니다. 식사 중 숟가락을 던지고 자리에서 일어나려는 헬렌을 앤은 몇 번이나 데리고 와서 다 먹을 때까지 테이블에 앉혔습니다. 헬렌이 싫어해도

방 밖으로 나가지 못하게 문을 잠갔습니다.

그런 생활이 한 달 정도 이어졌을 때쯤, 점차 두 사람의 관계에 변화가 찾아옵니다. 목욕을 하기 싫어했던 헬렌도 앤과 함께라면 목욕을 하게 되었습니다.

그리고 그해 4월 5일 헬렌이 나중에 '내 마음이 노래하기 시작했다'고 적은 특별한 순간이 찾아옵니다. '물(water)이라는 물질이 가진 훌륭함에 감동한 헬렌은 세상의 모든 것을 알고 싶은 호기심 넘치는 성격을 되찾았습니다.

양육에 활용하고 싶은  포인트

저는 교육상담사로서 그동안 많은 상담을 해왔습니다. 그 중에는 아이가 장애를 가지고 있어서 양육을 하기 어렵고, 손이 많이 가서 어쩔 수 없다고 말씀하시는 부모님도 있었습니다. 확실히 장애를 가진 아이의 양육은 그렇지 않은 아이에 비해 두 배의 노고가 듭니다. 부모님의 끈기있는 관계가 요구됩니다.

헬렌 켈러와 그녀의 가정교사 앤 설리번과의 관계는 그것을 알기 쉽게 가르쳐 줍니다. 주변의 어른들이 '집중력이 지속되지 않는 것은 이 아이의 '장애' 탓이니 어쩔 수 없다'고 체념한 가운데 앤은 헬렌에게 참는 것을 가르쳤습니다.

손이 많이 가는 아이가 있는 부모님은 몹시 지쳐 양육을 포기하고 싶어질 수도 있을 것입니다. 하지만 끈기 있게 관계를 계속하다 보면 어느 날 갑자기 엄청난 도약이나 성장이 찾아올지도 모릅니다. 그것을 헬렌 켈러와 앤 설리번의 사례는 가르쳐 주고 있다고 생각합니다.

장애를 가진 아이의 양육에는 끈기가 필요
그것이 열매를 맺을 때는 반드시
찾아온다.

" 친한 친구들하고만
소통하고 있다.
사교적인 성격이
아닐지도 ······ "

앙리 파브르(Henri Fabre)

(1823~1915)

프랑스 태생의 생물학자. 19세에 사범학교를 졸업하고, 초등학교 교사. 26세 때 코르시카섬의 아작시오중학교에서 수학교사로 취임. 같은 시기 르키앙이나 탕동 등, 인생의 스승이라고 부를 만한 생물학의 선도자들을 만나, 더욱 연구에 힘쓴다. 32세 때 곤충학자 레옹 뒤푸르의 작품을 읽고, 곤충 연구에 평생을 바치기로 결심한다. 48세에 아비뇽의 중학교 교사를 사임하고, 소년소녀를 위한 뛰어난 과학 입문서를 출판. 세리냥에서 《곤충기》 제1권을 출판한 것은 55세 때였다.

사교를 싫어했던 파브르
그가 가지고 있던 신념

친구들과 적극적으로 놀거나 하는 것도 아니고, 좀 내성적인 우리 아이.

벌레를 잡아서 관찰하거나 도토리를 주워 즐기는 것은 좋지만, 장래에 사교를 잘 할 수 있는 사람이 될 수 있을까? 그런 걱정을 하는 분들이 계실지도 모릅니다. 그렇지만 괜찮습니다. 프랑스 생물학자 앙리 파브르의 삶을 힌트로 삼으면 여러분의 고민도 해소될 것입니다.

1823년 앙리 파브르는 남부 프랑스의 생레옹이라는 작은 마을에서 태어났습니다. 아버지 안토인은 가난한 농민이었기 때문에 앙리는 5살 때 조부모 집에 맡겨졌습니다. 소년 시절의 앙리의 기억은 할아버지의 집 주변에서 일어났습니다.

"앙리 이제 일어날 시간이야!"

아침에 할아버지의 말에 눈을 뜬 그는 함께 나가서 집에서 기르고 있는 소나 양을 방목하러 가는 게 일과였습니다. 어린 앙리는 많은 동물들에 둘러싸인 삶을 살았다고 할 수 있습니다만, 한편으로 그의 마음을 사로잡아 눈을 뗄 수 없는 것이 곤충이었습니다. 특히 그가 좋아하는 것은 딱정벌레로, 보라색과 파란색으로 반짝이는 딱정벌레의 모습에 매료되어 있었습니다.

그런 풍부한 환경에 둘러싸인 앙리가 처음으로 '자연'에 대해서 품은 수수께끼가 '빛은 눈이 있기 때문에 보이는 것일까? 아니면 입이 있어서 알 수 있는 것일까?'였습니다.

어른의 입장이 되어 보면, 눈이 있기 때문에 빛이 보이는 것은 당연한 것이라고 알고 있습니다만, 아이에게는 확실히 큰 수수께끼겠지요.

그래서 풀밭에 벌렁 드러누운 앙리는 입을 크게 태양 쪽으로 벌려보았습니다.그리고 눈을 감았습니다. 그랬더니 이런 것을 알 수 있었습니다.

'빛을 느끼는 건 입이 아니었구나!'

이번에는 입을 다물고 눈을 뜬 앙리는 햇빛을 봅니다. 그리고 '눈이 있기 때문에 빛을 볼 수 있다' 라는 것을 나름대로 이해할 수 있었던 것입니다.

앙리는 어른이 되어서도 '내 눈으로 확인한다'는 것에 열중했습니다. 백과사전에 실려있는 것이라도 직접 살펴보기 전에는 쓰여있는 것을 믿지 않았다고 합니다.

또 하나 소년 시절 앙리의 탐구심을 엿보게 하는 에피소드가 '울음소리'와 관련되는 것. 어느 여름날 풀숲에서 작은 새 같은 울음소리를 들은 앙리는 안절부절못하고 밖으로 뛰쳐나가 그 울음소리의 주인을 찾으려고 합니다. 실은 울고 있는 것은 작은 새가 아니라 메뚜기였는데, 그 메뚜기를 잡는데에 앙리는 무려 3일 동안 귀를 기울이고 지켜봤다고 합니다.

저녁이면 바깥으로 나가는 앙리를 할아버지들이 여기저기 찾아 헤맸다고 하는데, 아이의 흥미가 얼마나 오래 지속되는지 알 수 있는 일화입니다.

앙리는 그만큼 순수한 성격이었고, 어떻게 보면 완고한 성격이었다고 할 수 있습니다.

어렸을 때 앙리는 교제가 서툴어서 친한 친구 이외의 사람들과는 그다지 관계가 없었던 것 같습니다. 또한 여행을 간다는 것에도 전혀 무관심. 프랑스 태생이긴 했지만, 그가 파리를 방문한 것은 단 두 번뿐이었습니다.

하지만 이런 성격의 소유자였기에 《곤충기》라는 방대한 지식의 집성을 정리할 수 있었을지도 모릅니다.

▶ 앙리 파브르. 독학으로 물리, 수학, 자연과학 학사학위, 이학박사학위를 취득했다.

양육에 활용하고 싶은  **포인트**

친구와 노는 것이 서투른 아이가 있습니다. 만약 우리 아이가 그런 성격이라면 부모로서는 걱정이 될 수도 있을 것입니다. '친구와 함께 놀아라' '밖으로 놀러 나가라'—많은 부모님들은 그렇게 아이를 타이른다고 생각합니다. 앙리 파브르도 그렇게 걱정되는 소년이었습니다.

하지만 그것이 앙리의 인생을 크게 만들어 갑니다. 인간의 친구는 적었지만, 곤충이라는 친구가 많이 발견되었습니다.

또 하나 앙리의 능력을 크게 기른 것은 어릴 때부터 품고 있던 '경험주의'라고도 할 수 있는 자세입니다. 책에 쓰여 있는 것을 그대로 믿거나 하지 않고, 스스로 경험하거나 확인하지 않으면 사실인지 아닌지 믿지 않는다는 자세가 과학자로서의 앙리를 키워나갔습니다. 2018년에 노벨상을 수상한 교토 대학의 혼조 다스쿠(本書佑) 선생님도 똑같은 말씀을 하셨습니다. '스스로 확인하고 경험한다', 이런 것들을 앙리는 가르쳐주고 있습니다.

친구가 적어도 그것과 반대로 더 소중한 무언가를 배우고 있을 가능성이 있다.

> **몇 번이나 전학을 갔는데 아이에게 부담이 되지는 않을까?**

스기하라 지우네의
성장법에서 배워봅시다

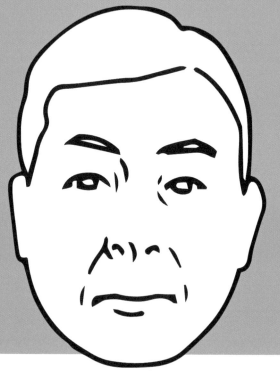

스기하라 지우네(杉原千畝)
(1900~1986)

일본 기후현(岐阜県) 출생. 외교관. 와세다대학 입학 후 외무성 유학생 시험에 합격하여 중국 하얼빈으로 건너간다. 핀란드 일본 공사관 근무 후, 1939년 리투아니아 영사 대리로 취임. 제2차 세계대전 중 외무성의 명령을 어기고, 나치 독일로부터 도망쳐온 약 6000명의 유대계 난민에 대해서 일본의 통과를 허가하는 비자를 발급. 스기하라가 발급한 비자가 결과적으로 많은 난민을 구해냈기 때문에 '생명의 비자'로 불린다. 그 공로로 85년 이스라엘 정부는 야드바셈상(홀로코스트로 희생된 유대인을 추모하며 수여하는 상)과 열방의 의인이라는 칭호를 수여했습니다.

새로운 친구들과 마음을 터놓기 위해
주위의 말에 귀를 기울이다

　은행, 상사, 제조사 등의 일에 종사하고 있는 아버지를 따라 다니는 것이 '전근'입니다. 특히 40세 전의 열심히 일하는 세대에 있어서는 2~3년마다 이동을 명령받아 도호쿠(東北)에 갔는가 하면 다음은 규수(九州), 그리고 호쿠리쿠(北陸)에 ……등 이라고 하는 것도 드물지 않을지도 모릅니다.

　그런 가정사정은 아이들도 마찬가지. 이른바 전근족 부모를 둔 아이는 '이사' '전학'이라는 시련을 겪게 됩니다. 익숙해졌는가 하면 친구 관계를 또 처음부터 맺어 나가야 하는 아이는 어떤 방식으로 자랄까요? '동양의 쉰들러'라고도 불리며 세계적으로 유명한 스기하라 지우네의 어린 시절을 예로 들어 생각해 봅시다.

발행한 비자가 대략 6000여명도 넘는 유대계 난민을 구한 것에서 어느덧 '생명의 비자'로 불리며 자신의 대명사가 된 외교관 스기하라 지우네. 1900년 1월 1일 지우네는 기후현(岐阜県) 가모군(加茂郡) 야오쓰초(八百津町)에서 태어났습니다.

아버지인 요시미(好水)는 세무관리로서 세무서에 근무하고 있었는데, 어쩌면 지우네가 외교관이라고 하는 직업을 선택한 이유는, 아버지의 이 직업에 있었을지도 모릅니다.

세무서 직원인 아버지는 전근이 많고, 그에 따라 지우네는 초등학교 입학 후, 두 번이나 전학을 갔습니다. 1906년 4월 나카쓰초립(中津町立) 진조초등학교(尋常小学校)(현재의 나카쓰가와시립(中津川市立) 미나미초등학교(南小学校))에 입학한 지우네는, 다음 해 3월에는 미에현(三重県) 구와나(桑名郡) 구와나초립(桑名町立) 구와나진조소학교(桑名尋常小学校)(현재의 구와나시립(桑名市立) 닛신초등학교(日進小学校))에 전학하고, 더욱이 그 후 나고야(名古屋) 후루와타시립(古渡市立) 헤이와초등학교(平和小学校)((현재의 나고야시립(名古屋市立) 헤이와초등학교(平和小学校))에 전학했습니다. 즉 지우네는 초등학교 시절, 기후→미에→아이치로 3개 현을 전전했던 것입니다.

어린 지우네 소년의 눈에 1, 2년 사이에 생활 환경이 확 바뀌는 경험은 어떻게 비쳤을까요?

스기하라 지우네를 연구하고 있는 시라이시 마사아키 ((白石仁章) 씨의 《6천 명의 생명을 구하라! 외교관 스기하라 지우네(六千人の命を救え!外交官·杉原千畝)》(PHP 研究所)에는 이렇게 쓰여있습니다.

'(전략) 전학 갈 때마다 새로운 사투리의 세계에 내던져지고 그 지역의 말을 외우지 않으면 친구들과 대화도 자유롭게 할 수 없었습니다. 그러나 이러한 경험으로부터 스기하라는 상대의 말을 잘 듣고, 열심히 흉내내어 이야기하려고 하는 습관을 몸에 배었겠지요. 그것은 나중에 외국어를 배우는 데 훌륭한 소질을 스기하라에게 가져다 주었습니다.'

기후, 미에, 아이치는 인접한 3현이지만, 메이지시대 후기의 마을의 문화는 지금보다 훨씬 폐쇄적이었을 것이고, 사투리도 분명했을 것입니다. 그런 의미에서는 당시의 전학생은 지금보다 훨씬 더 어려움을 겪었다고 생각할 수 있습니다.

다만 앞의 책에서 지적되고 있듯이, 나중에 외교관이 되는 스기하라에게 있어서, 유소년의 경험은 매우 귀중한 것이었다고 파악하는 것도 가능합니다.

지우네의 아내인 유키코(幸子) 씨는 '어렸을 때부터 그

런 생활을 하고 있었으므로, 어떤 곳에도 아무렇지도 않게 뛰쳐나갈 수 있지 않았을까……'라고 느끼고 있었다고 합니다(스기하라 유키코(杉原幸子)·스기하라 히로키(杉原弘樹)《스기하라 지우네 이야기 생명의 비자 감사합니다》(杉原千畝物語　命のビザをありがとう)》金の星社)).

의학부의 입학을 권유하는 아버지를 반대해 집을 나와, 와세다대학에 다니기 시작한 지우네. 외무성이 유학생을 모집하고 있는 것을 신문에서 안 지우네는 인연이 있어서 러시아어를 선택하고, 이것이 그를 러시아통으로 등용되어 '생명의 비자'의 발급으로 연결되는데, 외국에 대한 알레르기가 없는 것은 어릴 적의 전학에 그 일단이 있는지도 모릅니다.

저는 그동안 교육상담사로서 많은 아이들을 상대해 왔습니다. 전학에 의해서 인간관계가 단절되었기 때문에, 그때마다 친구를 다시 만들지 않으면 안 되는, 그것에 고통을 느껴 학교에 가는 것이 싫어진 아이들도 있습니다.

그렇지만 스기하라 지우네의 경우에는 그렇지 않았습니다.

전학을 갈 때마다 새로운 인간관계나 친구를 다시 만든다. 전학갈 때마다 지방 사투리의 세계에 내던져져 그 지역의 말을 외워야 한다. 그러한 체험에 의해서 스기하라는 새로운 인간 관계를 쌓아 올라가는 '기술'을 배우고, 새로운 말을 그때마다 마스터 해나가는 능력도 길러 갔습니다.

외교관으로서 활약한 그에게 있어서, 어릴 적 전학 체험은 그의 직업상 필요한 능력의 기초를 길러 가는 불가결한 체험이었던 것입니다.

스기하라의 외국에 대한 알레르기가 없는 것, 어디에도 뛰어들 수 있는 용기. 그것은 그의 어린 시절의 거듭되는 전학의 체험에 의해서 길러져 갔습니다.

전학은 인간관계를 형성하는 기술을 배우는 기회.
그것은 좀처럼 얻을 수 없는 큰 재산

부모로서 신경이 쓰인다 ⋯⋯⋯

"

싱글맘으로서
아이를 어떻게
대해야 할까?

"

후쿠자와 유키치의
성장법에서 배워봅시다

후쿠자와 유키치(福沢諭吉)
(1835~1901)

교육가, 계몽 사상가. 오사카 태생. 아버지 햐쿠스케(百助)는 나카쓰번(中津番)의 회계 관리로, 오사카(大阪)의 저택에서 번의 채무 등의 교섭 역할을 맡았다. 1855년 오가타코안(緒方洪庵)의 데키데키제숙(適々齋塾)에서 배우고, 제숙의 책임자가 되지만, 번의 명령에 의해 에도로 가서, 쓰키지 뎃포주(築地鉄砲州)에서 난학숙(蘭學塾)을 연다. 62년 번역 담당으로서 견구(遣歐) 사절을 수행하는 등, 구미의 근대문명을 직접 보고 귀국. 68년 난학숙을 발전시키는 형태로 게이오의숙(慶応義塾)을 설립. 정부 관직을 고사하고, 민간에서 교육과 저술 활동에 전념했다. 저서로 《서양사정》 《학문의 권장》 《복옹자전》 등이 있다.

남편이 죽은 후 자녀들에게
애정을 듬뿍 쏟은 어머니

에도 시대 후기 하급 무사의 집안에서 태어났으면서도 신생 일본의 사상적 리더가 된 후쿠자와 유키치. 아버지 햐쿠스케(百助 42세), 어머니 준(順 30세) 사이에 5남매 중 막내로서 1835년 1월 10일에 태어난 유키치는 어려서부터 '문벌제도'를 아주 싫어했습니다.

문벌이란 쉽게 말해 '가문'이나 '등급제'. 부젠국(豊前国) 나카쓰번(中津番)(현재의 오이타현(大分県))의 하급 무사의 아이로 태어나고 자란 유키치는 지위가 높은 무사의 아이에 대해서는 경어를 사용하지 않으면 안되는 등, 특권계급이어야 할 무사들 사이에서도 신분 차이가 현저하게 나는 것을 몸소 체험했습니다. 아버지도 아들과 마찬가지로 권위나 봉

건제도라는 옛 풍습을 싫어했던 인물이었던 것 같습니다. 아버지도 어려서부터 공부에는 뛰어났지만, 집안이 가난했기 때문에 자신의 스승과 사모하는 유학자들 밑에서 배울 수는 없었습니다. 유키치가 만년이 될 때까지 '문벌제도는 부모의 원수'라고 말한 이유 중 하나는 여기에 있었습니다.

다만 아버지 햐쿠스케는 주호(酒豪)로 일설에 의하면 그것이 원인으로 45세라는 젊은 나이에 뇌일혈로 죽습니다. 이 시점에서 햐쿠스케의 아내 즉 유키치의 어머니 준은 미망인 요즘 말로 하면 '싱글맘'이 되었습니다.

그러면 그 후 어머니는 어떻게 다섯 명의 아이들을 길렀을까요?

유키치의 말에 의하면, 아버지가 '무엇이든 아주 시끄러운 인물이었다.' 한편 어머니는 '결코 어려운 사람이 아니다'라고 평하고 있습니다. 깔끔하고 대범하며 매우 자비롭고 매우 꼼꼼한 성격이었다고 유키치는 기록하였습니다.

어머니 준과의 추억에는 이런 것이 있습니다.

어머니에게는 가끔 돌보고 있는 지에(チエ)라는 딸이 있습니다. 지에는 집이 없는 아이였습니다. 그녀가 가끔 집에

오면 어머니는 머리를 매만져 주고, 머리의 이를 잡아 주었습니다. 어린 유키치는 어머니의 그런 행위를 이해할 수 없었습니다.

어느 날의 일, 왜 어머니는 지에의 이를 잡아주는 것이라고 물었더니, 어머니는 이렇게 말했습니다.

'지에는 이를 잡으려 해도 잡을 수 없다. 그러면 할 수 있는 사람이 그걸 해주면 된다. 그것이 당연한 거다.'

유키치는 그 말을 듣고 깜짝 놀라, 지금까지의 생각을 고쳤다고 합니다.

어머니는 상대방이 빌려준 것을 진작에 잊고 있었던 계의 금 2주를 10년이나 지나 일부러 유키치에게 돌려주러 가게 했다는 이야기도 전해집니다. 어머니 준의 이런 청렴결백하고 정직한 성격을 유키치도 많이 배웠을 것입니다.

또한 어머니도 권위라는 것에 대해서는 회의적인 시각을 가지고 있었던 듯하여, '절에 참배하여 아미타(阿弥陀)님을 숭배하는 것만은 이상하고, 겸연쩍어서 할 수 없다'라고 항상 말했다고 합니다. 어린 유키치가 신의 벌을 믿지 않고, 자신이 양자로 들어간 집에 서 있던 이나리사(稲荷社)의 신의 몸의 돌이나 나무패를 버리고 다른 것으로 바꿔치기하고, '바보, 내가 넣어 둔 돌에 제주를 올려 절하고 있다'라고 재

미있어 하거나 신의 이름이 쓰여 있는 지폐를 밟아 신의 벌
에 해당하지 않는 것을 확인한 것 등은 어머니로부터 계승
된 성격이라고도 할 수 있습니다.

어쨌든 후쿠자와 유키치의 진보적이면서도 자비로운 성격
은 싱글맘이 된 어머니 준의 헌신적인 양육에 그 일단이
요구된다고 할 수 있습니다.

▶ 후쿠자와 유키치. '유키치'라는 이름의
유래는 아버지가 소지하고 있던 청나라의
법령집 《상유조례(上諭條例)》에 따른다고
한다.

《학문의 권장》의 저자로 알려진 후쿠자와 유키치는 풍족한 가정환경에서 자란 것처럼 여겨지기 쉽지만, 사실 그는 싱글맘에 의해 자란 아이였습니다.

그러나 어머니는 늠름한 자세를 관철해 '인간으로서 소중한 것'을 아이들에게 가르쳤습니다.

예를 들어 집이 없는 아이였던 한 여자의 머리의 이를 잡고, 머리를 땋아 주었던 일화가 굉장히 인상적입니다. 유키치가 그 행동의 이유를 물었을 때, '스스로 잡으려고 해도 잡을 수 없으면, 할 수 있는 사람이 그것을 해 주면 된다. 그건 당연한 거다'라고, 어머니는 사람으로서 본연의 길을 아이에게 설명했습니다.

싱글맘이라는 것에 콤플렉스를 가질 필요 따위는 전혀 없

습니다. 어머니 자신이 '한 인간'으로서 제대로 사는 모습을
보여주는 것이 아이 교육에서 무엇보다 소중합니다. 그것을
유키치의 어머니는 가르쳐 주고 있는 것 같다고 생각합니다.

'한 인간'으로서 제대로 살아가는 모습을
보여주는 것이 무엇보다 소중한
교육이 된다.

사고력

집중력을

기르다

아이가 언제나 멍하니 있지만,

괜찮을까?

그런 고민을 안고 있는

부모도 많을 수 있습니다.

그래도 멍하니 있을 때야말로

창의성이 발휘되는 것

그것을 따뜻하게 지켜보는 것이야말로

부모로서의 역할인 것입니다.

부모로서 신경이 쓰인다 ······

"

항상 멍하니
있는 것처럼 보인다.
괜찮을까?

"

생텍쥐페리의
성장법에서 배워봅시다

앙투안 드 생텍쥐페리(Antoine de Saint-Exupéry)
(1900~1944)

프랑스의 비행사, 소설가. 25세에 항공사로 전직. 정규 상업기 조종 자격을 얻었다. 다음 해 모로코 남서부의 캅 쥐비 비행장장에 임명되어 소속기의 불시착 때 등, 주변의 유목민과의 교섭에 종사. 29세 때 부에노스 아이레스로 파견된다. 이런 경험이 《어린 왕자》 이야기 아이디어의 원천이 되었다. 제2차 세계대전시에는 정찰 비행 대대의 일원 등으로서 탑승. 1944년 7월 코르시카 섬을 날다가 실종. 2000년 5월 마르세이유 앞바다에서 그의 기체 잔해가 발견됐다.

감수성이 예민한 것의 반동으로
꿈꾸기 쉬운 성격으로

아이가 집에서 그냥 멍하니 있는 것을 자주 볼 수 있다. 학교의 수업중에도 그런 식으로 건성으로, 아무것도 듣고 있지 않는 것은 아닌지⋯⋯. 그러나 언뜻 보면 집중력이 부족한 것 같은 성격이어도, 머릿속에서는 '풍부한 이야기'가 엮어지고 있을 가능성도 있습니다.

이런 성격의 아이였다면 세계적인 명작 《어린 왕자》를 쓴 생텍쥐페리의 양육법이 참고가 될 것입니다.

가장 중요한 것은 눈에 보이지 않는다—.

《어린 왕자》에 숨어 있는 가장 중요한 메시지입니다. 이것은 어른 뿐만이 아니라, 어린아이도 이해할 수 있을 만큼 쉬운 말이겠지요(다만 읽으면 읽을수록, 그 의미하는 바가 깊은 것을 알 수 있습니다).

1943년 간행된 이래 전 세계 150여 언어로 번역되고, 발행 부수는 4000만부라고도 5000만부라고도 전해지는 이 책. '성경 다음으로 많이 읽힌다'고 평가되는 세계적인 베스트셀러입니다. 70년 이상이나 오랫동안 읽히는 《어린 왕자》를 저술한 생텍쥐페리는 도대체 어떤 소년 시절을 보냈을까요?

생텍쥐페리(본명 앙투안 드 생텍쥐페리)는 1900년 6월 29일 프랑스의 리옹에서 유서 깊은 귀족 중 장남(5형제 중 셋째)으로 태어났습니다. 생모리스성에서 왕자와 같이 남부럽지 않게 자란 그는 금빛 곱슬머리가 사랑스러워 '태양왕'이라고 불렸습니다.

그가 네 살을 맞을 무렵, 아버지 장이 뇌일혈로 급사. 생텍쥐페리는 어머니 마리의 곁을 한시도 떠나지 않는, 제멋대로인 성격이 되어 버립니다. 다섯 살 무렵의 그는 이미 어머니처럼 변해 있었고, 자기 전용의 작은 의자를 가지고 어머니를 끝까지 뒤쫓고 있었습니다. 이야기가 듣고 싶어지면 어머니 곁으로 가서 이야기를 해줄 때까지 가만히 기다렸습니다.

그러나 이 제멋대로인 성격이 원래 갖추어져 있던 호기심의 왕성함과 합쳐질 때 그에게 이상한 재능을 줍니다. 그게 '창작'의 재능이었습니다. 그는 이야기가 생각이 났을 때 그것이 한밤중이라도 가족 중 누군가를 거침없이 깨워 이야기를 듣게 했다고 합니다. 상대의 상황을 읽지 않는 방자함은 칭찬받지는 않았지만, 안에서 솟아오르는 창작 의욕은 부정할 수 있는 것이 아닙니다.

그의 창작력은 초등학교 시절에 성숙했는지도 모릅니다.

생텍쥐페리는 학교의 자유시간에 아무 것도 하지 않고 멍하고 있는 적이 많았다고 전해집니다.

게다가 그의 공부 책상 위에는 쓰다만 메모가 여기저기 널린 상태였습니다.

소년시절 그가 공상에 잠기듯 했던 것은 아홉 살 무렵 프랑스인 파일럿 루이 브레리오가 단엽기로 도버 해협 횡단에 성공함으로써, 하늘을 날고 싶다는 그의 꿈이 실현 가능함을 알았기 때문입니다. 또 12세 때에는, 처음으로 비행기에 탑승하여 하늘을 날았습니다.

그가 25세 때 유람비행 등을 하는 항공사에 들어가 노선 조종사가 되고, 그 이후의 경험을 바탕으로 출판사로부터 '크리스마스를 위한 어린이를 대상으로 하는 이야기'라는 의뢰를 받아 《어린 왕자》를 완성시켰습니다. 직접적인 계기는 어린 시절 실제로 비행기를 탈 수 있었던 것이 컸을 것입니다.

1944년 7월 31일, 코르시카 섬의 볼고 기지에서 그르노블 지방으로의 정찰 비행에 나선 그는 그 후 다시는 세상에 돌아오지 않았지만, 그가 공상한 이야기는 이 땅 위에 분명히 남아 있습니다.

양육에 활용하고 싶은  **포인트**

　'우리 아이는 항상 멍하니 있다.' 그런식으로 자녀를 걱정하는 부모님도 적지 않을 것입니다. 하지만 심리학 연구에 따르면 사실 혼자서 멍한 공상에 잠긴 시간이야말로 아이의 상상력이나 창의성이 자라고 있을 가능성이 있다고 합니다. 즉 멍한 시간이야말로 다양한 능력이 길러지고 있다고 생각할 수 있습니다.

　《어린 왕자》의 저자인 생텍쥐페리도 그런 아이였던 것 같습니다. 초등학교 시절에는 자유시간에 아무것도 하지 않은 적이 많았다고 전해집니다. 그 시간은 그에게는 매우 귀중한 '창작의 시간'이었던 셈입니다.

　또 하나 중요한 포인트는 소년 생텍쥐페리는 이야기를 생각해 내면 비록 한밤중이라도 가족 중 누군가를 깨워서 이야기를 들려주었다는 에피소드입니다.

자신이 만든 이야기를 들어주는 어른이 항상 곁에 있다.
이것이 아이의 '창작 능력'을 늘려 가는 것입니다.

멍하니 있는 것은 '창작의 시간'.

상상력이나 창조성을 기르고 있는 것

"

뭔가를 시작하더니
싫증이 나서
곧 그만둬 버린다

"

다 빈치의

성장법에서 배워봅시다

레오나르도 다 빈치(Leonard da Vinci)

(1452~1519)

이탈리아의 화가, 건축가, 조각가. 1466년 14세 때 아버지와 함께 피렌체로 이주, 안토니오 델 베로키오를 스승으로 섬겨 베로키오 공방에 들어간다. 82년부터는 밀라노 궁정에서 화가, 건축가, 조각가, 그리고 무기 기술자로 활약했다. 1504년쯤 <모나리자>의 제작에 착수. 16년 프랑수아 1세로부터 프랑스로 초대받아 앙부아즈의 클루관에 거주한다(64세). 19년 5월 2일 클루관에서 사망. 유명한 작품으로 <수태고지><성 히에로니무스><최후의 만찬>등이 있다.

고독한 어린 시절을 보내면서도
자연을 가까이하며 그림의 재능이 개화

'만능 천재' '르네상스의 거장' 등 수많은 칭호를 얻어 그 생애를 예술에 바친 레오나르도 다 빈치. 루브르 미술관의 보배 <모나리자>, 드라마틱한 사도들의 움직임이 인상적인 <최후의 만찬> 등 현세에 남겨진 그의 작품은 많지 않지만, 그래도 그의 이름은 '고고의 천재'와 같은 뜻입니다.

그럼 중세가 낳은 유일무이한 아티스트 레오나르도는 어떤 어린 시절을 보냈을까요? 어떻게 아이를 키우면 그와 같은 재능에 접근할 수 있을까요?

1452년 4월 15일 22시 30분 레오나르도는 이탈리아 피렌체에서 서쪽으로 32킬로 정도 떨어진 빈치 마을에서 태어났습니다. 왜 그가 태어난 정확한 시간을 알고 있냐면 친할아버지 안토니오가 적어 놓았기 때문입니다. 이것으로부터 할아버지가 첫 손자인 레오나르도에게 깊은 사랑을 주었음을 알 수 있습니다.

하지만 사실 레오나르도는 사생아로 태어났습니다. 아버지 셸 피에로의 가계인 빈치집안은 12세기쯤부터 대를 이어 공증인(변호사 겸 회계사)으로 일해 온 집안으로, 생모 카테리나와의 신분이 맞지 않아 두 사람은 결혼하지 못했습니다. 아버지는 피렌체에서 일하고 있었던 것으로 보아 레오나르도는 평소 아버지와 자주 접하지 않았던 것 같습니다.

후계자 교육도 받지 못한 레오나르도였지만, 그것이 반대로 그에게 있어서는 유리하게 작용했을지도 모릅니다. 어린 시절 그가 하는 일이라고는 스케치북을 겨드랑이에 끼고 산야를 뛰어다니며 보았던, 자연의 모든 것을 그려두는 것이었습니다. 고독과 자연. 그것이 레오나르도를 나중의 종합적인 예술가로 성장시킨 요인 중 하나라고 생각하면 틀림없을 것입니다.

빈치 마을을 포함한 토스카나 지방이 당시 마침 폭풍이 지나가는 길목에 있었던 것도 레오나르도에게 자연의 위협을 심어주는 요인이 되었습니다.

마키아벨리는 《피렌체사》에서 레오나르도가 4살 때 토스카나 지방을 강타한 폭풍우에 대해 다음과 같이 적고 있습니다. '많은 건물이 땅 위에 쓰러져 산 마르티노의 교회나 산타마리아 델라 파체교회 지붕은 몇 마일이나 저 멀리 날아갔다.'

신변의 위험을 위협할 정도의 자연을 접한 레오나르도는 자연에 큰 흥미를 가지게 되어, 물이나 대기의 연구에서 시작해, 천문, 지구, 그리고 인체의 성립을 알고 싶다고 생각하게 됩니다. 레오나르도는 자신의 예술에 활용하기 위해, 몇 번이나 인체 해부에 입회했습니다만, 그것은 어릴 적부터 몸에 익혀 온 자연에 대한 존경의 표시라고 할 수 있습니다.

아버지 셀 피에로가 베로키오 공방의 공증인을 맡고 있던 관계로 14세 무렵에 같은 공방에 들어간 레오나르도는 1472년쯤 스승 베로키오와 함께 예수의 세례(오른쪽 페이지 그림)라는 작품을 그리는데, 거기에 그린 레오나르도의 천사의 묘사는 베로키오를 경탄시키기에 충분하고, 베로키오는 회화 작업에서 손을 떼었다고 전해집니다.

한편 공방 동료에 따르면 당시의 레오나르도는 한 가지

일을 시작했다 하면 질려서 금방 작업을 그만 두는 성격이
기도 했던 것 같습니다.

그것은 현재로서는 ADHD(주의결핍 과잉행동장애)에 가
까운 성격이라고도 할 수 있으나, 반대로 그렇게 '극단적으
로 집중할 수 있는'성격이었기에, 후세에 걸작으로 칭송되는
작품을 많이 남길 수 있었는지도 모릅니다.

▶ 레오나르드 다 빈치와 스승 베로키오가
그린 <그리스도의 세례>. 레오나르드가
그린 것은 왼쪽 끝의 어린 천사라고
여겨진다.

다양한 재능이 뛰어나 많은 분야에서 성공을 거둔 레오나르도 다 빈치는 많은 부모가 '우리 아이를 저렇게 키우고 싶다' 라는 이상형의 한 사람일지도 모릅니다.

사생아로 태어난 레오나르도. 어릴 적 그가 하던 일은 스케치북을 안고 야산을 돌며 자연의 단편을 그리는 일이었습니다. 그러나 이러한 일들이 계속해서 쌓이면서 그의 재능을 키워 갔습니다.

또한 그의 재능의 개화에는 '운명의 필연'도 크게 작용한 것으로 보입니다. 네 살 때 그가 살고 있던 지역이 큰 폭풍에 휩쓸려 많은 건물이 붕괴되었습니다. 이 때 압도적인 대자연의 힘을 접한 레오나르도는 자연의 매력에 홀리는 계기를 얻었습니다. 후에 그가 인체를 비롯하여 자연에 관련

되는 많은 것에 관심을 가지게 된 배경에는 그 운명적인 사건도 크게 작용하고 있을 것입니다. 또한 여러 학자나 작가 등과 마찬가지로 '한 가지 일에 극단적으로 집중할 수 있는 힘'의 소유자였던 것도 자신의 능력을 꽃피우는 요인이 되었을 것입니다.

'운명의 필연'이 계기가 돼서
집중력이 길러지고, 양육되는 일도 있다.

> **한 가지 일에
> 너무 집중해서
> 주변이 보이지 않게 된다**

고흐의
성장법에서 배워봅시다

빈센트 반 고흐(Vincent van Gogh)

(1853~1890)

네덜란드 화가. 아버지는 목사였고 그림가게 점원을 거쳐 자신도 목사가 됐지만, 화가가 되는 길을 택했다. 1886년 파리에 나가 피사로, 고갱 같은 인상파 화가들에게 재능을 인정받으며, 크게 자극을 받는다. 88년 아를로 이주해 <해바라기 연작>을 비롯해 <아를의 도개교><밤의 카페 테라스> 등의 걸작을 만든다. 한때 고갱과 공동생활을 하지만, '귀를 자르는 사건'을 일으켜 결별. 90년 7월 27일 권총 자살을 기도했다가 이틀 만에 숨졌다. 작풍에는 일본 우키요에(판화)의 영향도 보인다.

'빠져드는 성격'을
따뜻하게 지켜본 부모

"<탕기 영감의 초상><해바라기><사이프러스나무와 별이 있는 길>등 여러 명작을 남기고 간 빈센트 반 고흐. 그의 별명 중 하나로 '불꽃 화가'가 있습니다. 그의 생애는 37년으로 너무 짧았고, 화가로서의 활동 기간도 27세에서 37세까지의 불과 10년밖에 되지 않았습니다. 그래도 활활 타오르는 불길 같은 삶을 살며 현재까지 전해 내려오는 걸작을 그렸습니다.

빈센트의 어린 시절을 말할 때 자주 듣는 말이 화를 잘 내는 아이입니다. 어릴 적 고집이 세고 완고한 성격이었던 그는 다른 사람으로부터 뭔가를 강요당하는 것을 싫어했습니다. 조금이라도 그런 일이 생기면 크게 반발해서 부모님과 학교 선생님을 몹시 괴롭혔다고 합니다. 빈센트는 맏아들이고, 밑으로 남동생과 여동생이 5명 있었는데, 그들에게 형, 오빠의 존재는 두려움 이외의 아무것도 아니었던 것 같습니다. 빈센트도 혼자 지내는 것을 좋아해 동생과 노는 일은 드물었습니다. 산야를 혼자서 걷고서는 식물이나 곤충을 응시하고 그 움직임을 관찰하고 있었습니다.

다만 네 살 아래 동생 테오도뤼스만은 특별해서 형을 따라다니는 것이 허락되어 함께 자연 속을 돌아다녔습니다. 이 테오도뤼스는 나중에 빈센트의 가장 좋은 이해자가 될 테오이다. 빈센트가 갑작스런 죽음을 맞이할 때까지 따뜻한 손길을 내밀고 있었던 것은 그였습니다.

빈센트가 16세 때 그를 화가의 길로 초대하는 전기가 마련됩니다. 큰아버지가 일찍이 그림가게를 하던 관계로 화랑 (구필상회 헤이그 지점)에 근무하게 되었습니다. 1869년부터 73년의 4년간이 빈센트에게는 의미가 있는 시간이 되었습니다. 부아가 치밀던 성격도 나아서 주위 사람들이 믿을 만큼 열심히 일했다고 합니다.

빈센트는 일찍기 화내기 쉬운 성격때문에 친구를 잘 사귀지 못하고, 현지의 초등학교를 퇴학. 13세 때 아버지의 뜻에 따라 인근 마을의 기숙학교에 입학할 수 있었습니다만, 거기에서도 강한 성격은 좀처럼 낫지 않았습니다.

그러다가 화랑에 근무하면서 상황이 확 달라졌습니다. 빈센트는 어렸을 때부터 그림을 잘 그렸기 때문에 조금이라도 그 길에 다가서게 된 것이 결과적으로 좋았던 것 같습니다. '빈센트 군은 아주 부지런합니다. 매일 열심히 화상 공부를 하고, 한번도 지각한 적이 없습니다.(중략) 그가 장차 훌륭한 화상이 될 것이 틀림없겠죠.'(《고흐(ゴッホ)》パスカル・ボナフー著 高橋啓訳 創元社)라고 헤이그점 지배인도 극찬합니다.

빈센트가 그린 작품은 현재 터무니없이 높은 가격에 거래되고 있습니다. 지금까지 그의 작품 낙찰 최고가는 일본이 버블 시기였던 1990년 5월 크리스티에 출품된 <가세 의사의 초상>으로, 8250만달러. 당시의 환율로 약 124억엔이었다(낙찰자는 다이쇼와 제지의 사이토 료에이 씨. 같은 작품은 그 후 2번 옥션에 나와 현재는 개인 소장). 그러나, 생전에 팔린 그림은 몇 장뿐. 그가 살아 있는 동안 그림의 질이 높음을 알아준 사람은 거의 없었습니다.

빈센트 같은 격동의 삶을 살았던 인물의 생애를 보면 어린 시절은 비록 감당하기 어려울 정도로 완고한 사람이었다고 해도 세계적으로 이름을 남기는 인물이 될 수도 있다는 생각을 하지 않을 수 없습니다. 환경이 다르면 새로운 길이 열릴 수도 있는 것입니다.

▶ (위) 13세 쯤의 빈센트 반 고흐 (아래)
소년 시절 (1864년)에 그린 <농장의 집과
헛간>

양육에 활용하고 싶은 **포인트**

빈센트 반 고흐는 '전형적인 예술가 성격'의 소유자였다고 할 수 있습니다. 한 가지 일에 너무 집중하다 보면 주변이 보이지 않게 된다. 한 가지 일을 할 수는 있지만 너무 집중해서 다른 일이 소홀해진다. 그런 성격의 소유자였습니다.

특히 어린 시절의 그는 매우 화를 많이 냈던 것 같습니다. 그래서인지 혼자 지내는 것을 무엇보다 좋아합니다. 산야를 혼자 걸으며 식물이나 곤충을 바라보며 깊이 관찰했던 것 같습니다. 이것이 그의 화가적 자질을 키워나갔음에 틀림없을 것입니다.

고흐는 화를 잘 내는 성격 때문에 친구를 잘 사귀지 못하고, 지역 초등학교를 퇴학당합니다. 하지만 화랑에 근무하면서 인생이 완전히 바뀌었습니다.

학교의 우등생이 아니어도 좋다— 그 아이에게 자신의 천성을 살릴 수 있는 '하나의 길'이 주어지면 자연스럽게 그 재능은 꽃피기 마련입니다. 고흐의 어린 시절은 그것을 가르쳐 줍니다.

한 가지 일에 끝까지 몰두하다.
그것이 아이의 인생을 '알차게' 한다.

" "

뭔가 한 가지 일에
열중시키려면
어떻게 해야 될까?

슐리만의

성장법에서 배워봅시다

하인리히 슐리만(Heinrich Schliemann)
(1822~1890)

독일 태생의 고고학자. 24세 때에 상트페테르부르크에서 슈뢰더사의 대리인으로 파견되어 성공. 자산가로서 알려져 41세에 업계를 은퇴. 전 세계를 여행한 뒤 파리에서 고고학을 공부했고, 49세 때 본격적으로 트로이 유적 발굴을 시도했다. 이후 미케네, 오르코메노스, 티린스도 발굴해 미케네 문명의 존재를 밝혀냈다. 발굴 결과를 발표할 때 연구지보다 메이저 신문을 선택해 자신에게 호의적인 기사를 쓰게 하는 등 그의 수완은 비판적인 목소리도 있지만, 그의 업적은 여전히 높은 편이다.

아버지 에른스트로부터 받은
크리스마스 선물

　아이에게 무엇인가 하나의 일에 열중시키고 싶은데, 어떤 방법이 있는지 모른다⋯⋯. 그럴 때는 하인리히 슐리만의 양육법이 도움이 될지도 모릅니다.

　하인리히는 49세라고 하는 장년 시대에 트로이 유적의 발굴을 본격적으로 개시. 그리스의 미케네 발굴을 비롯해, 아가멤논의 보물을 발굴한 것은 54세 때입니다.

　하인리히가 이런 열의를 계속 가졌던 원점은 어디에 있을까요? 그의 소년 시절을 짚어보도록 하겠습니다.

　1822년 독일 북동부 메클렌부르크 지방의 노이부코라는 작은 마을에서 하인리히 슐리만은 태어났습니다. 아버지 에른스트는 목사였는데, 하인리히가 태어난 이듬해 같은 지방의 안커스하겐이라는 작은 마을의 교회로 초빙되는 바람에 일가족이 이주하게 되었습니다.

하인리히의 상상력을 키운 첫 번째 계기는 이 마을에 있었을지도 모릅니다. 아름다운 너도밤나무 숲과 호수가 있고, 농지가 펼쳐져 있는 그 마을에는 유령과 전설 등의 공상적인 이야기가 많이 있었습니다. 어린 그는 그런 이야기들에 두려움을 느끼면서도 점점 마음이 끌렸습니다.

그리고 하인리히가 여덟살 때 그의 삶의 방향을 결정짓는 만남이 찾아옵니다. 그는 자서전에서 이렇게 말하고 있습니다.

1829년 크리스마스 선물은 루드비히 예러의 《세계의 역사》였다. 그 책에는 불타는 트로이 마을, 거대한 성벽과 스카이아문, 아버지 안키세스를 등에 업고 스카니우스의 손을 잡고 달아나는 아이네아스가 그려졌다. 그때의 나의 기쁨은 도저히 상상할 수 없을 것이다.(《슐리만 황금발굴의 꿈 (シュリーマン黃金発掘の夢)》 エルヴェ·デュシエーヌ著 創元社)

아버지 에른스트는 목사가 되기 전에 4년 정도 학교 교사를 했고, 자신도 역사에 관심이 있었습니다. 아들 하인리히의 역사 사랑은 대물림이라고도 할 수 있습니다.

아버지는 아들에게 기원후 1세기의 베수비오 폭발로 인해 폼페이나 헤르쿨라네움이라고 하는 당시 번영하던 마을이 순식간에 용암 아래에 묻혀 18세기 이후의 발굴을 통해 당시의 모습 그대로 이 세상에 되살아났음을 들려주었습니다.

아버지는 아마 하인리히에게 그런 전설로 가득한 역사 이야기를 여러 번 들려준 것 같습니다. 하인리히는 호메로스의 서사시에 나오는 전사들과 그 위업을 모두 암기했다고 합니다.

아버지가 "이런 얘기는 그냥 얘기에 불과해"라고 말씀하셔도 하인리히는 포기하지 않습니다.

트로이의 마을이 이야기 속의 공상이 아닌 현실의 것임을 전혀 의심하지 않은 채 '만약 이렇게 훌륭한 성벽이 있었다면 그것이 온데간데없이 사라지지는 않았을 것 아닌가? 유적은 분명 지금도 땅 밑에 잠들어 있다'라고 느꼈던 것 같습니다.

아버지가 준 《세계의 역사》라는 책 속에 있던 타오르는 트로이로부터 도망치는 아이네아스의 삽화에 못박힌 하인리히. 그의 머릿속에는 화염에 휩싸인 마을에서 늙은 아버지와 어린 아들을 데리고 나온 용감한 아이네아스의 모습이 언제까지나 남아있었을 것입니다.

또한 하인리히와 트로이의 만남에 관해서는 그의 후년의

창작이라는 설이 강하게 있습니다. 그러나 그가 자서전 속에서 자신의 어린 시절을 그렇게 적고 있었던 것이 중요하므로 여기서는 그 옳고 그름에 대해서는 언급하지 않기로 합니다.

▶ 하인리히 슐리만. 에도 막부 말기에 일본을
방문하였으며(1865년), 일본 각지가
청결하다는 점에 크게 놀랐다고 한다.

양육에 활용하고 싶은

포인트

　아이의 생일이나 크리스마스 선물로 당신은 무엇을 골라 줄까요. '뭐 갖고 싶어?'라고 아이에게 묻고 원하는 것을 주는 것도 나쁘지는 않을 것입니다. 그렇지만 선물로 받는 '무언가'와의 만남이 아이의 인생을 크게 운명짓게 하는 일도 자주 있는 것 같습니다. 하인리히 슐리만의 인생은 여덟 살 때 크리스마스 선물로 받은 한 권의 책에 의해 운명지어졌습니다.

　그뿐만이 아닙니다. 자신도 역사를 좋아했던 아버지는 아들에게 '베수비오 화산 폭발로 폼페이 같은 마을이 순식간에 용암에 잠겼고, 그것이 후세의 발굴로 세상에 되살아났다'는 이야기를 들려주었습니다. 이야기에 설레면서 귀를 기울이던 하인리히 소년의 모습이 절로 떠오릅니다.

아이가 열중할 것 같은 선물을 주는 것은 사실 중요한 일일지도 모릅니다. 어른에게는 사소한 것이라도 아이에게는 일대의 이벤트. 어린 시절에 받은 선물에 따라 그 후의 인생이 크게 달라질 수 있는 것입니다.

올해의 선물이 아이의 인생을 바꿀지도.
그럼 당신은 무엇을 선물할까요?

"

아이의 상상력을
풍성하게 해주고 싶다.
어떻게 해야 될까?

"

안데르센의
성장법에서 배워봅시다

한스 크리스천 안데르센
(Hans Christian Andersen)(1805~1875)

덴마크 태생의 동화 작가, 시인. 가난한 구두 수선공의 아들로 태어났다. 14세 때 견신례를 치른 뒤 코펜하겐으로. 이후 3년간에 걸쳐 무대에 서는 배우가 되기 위해 겨우 연명하는 생활을 보낸다. 1829년 《홀름 운하에서 이마크 동쪽 끝까지 가는 도보 여행기》 를 발표해 호평을 받았고, 35년 실연의 슬픔을 달래는 대륙여행 때 쓴 소설 《즉흥시인》 으로 작가로서의 입지를 굳혔다. 그 후 첫 번째 동화집 《어린이를 위한 이야기》 를 간행. 대표작은 《인어공주》 《미운 오리 새끼》 《성냥팔이 소녀》 등.

이야기를 들려준 아버지
장난감을 만들어 준 할아버지

상상력이 풍부한 아이로 자랐으면 하는 부모님은 많다고 생각합니다. 그럼 그런 아이로 키우려면 도대체 어떻게 하면 좋은 걸까요?

동화작가의 일인자인 안데르센에게는 누가 상상력을 주었을까요? 그의 소년시절을 돌아봅시다.

1805년 한스 크리스찬 안데르센은 덴마크 오덴세에서 태어났습니다. 그의 아버지는 보잘것없는 구두 수선공이라서 가정을 꾸렸을 때는 가구의 대부분을 자기 손으로 만들어야 할 정도였습니다.

전해지는 바로는 한스 크리스찬이 아기 때 재우든 것이

백작의 관을 안치했던 나무받침대였다고 합니다.

한스 크리스천이 태어났을 때 아버지는 아직 22세로 젊고, '언젠가는 나도 저택이 딸린 구두 수선공이 될 수 있다'라고 하는 야망을 가지고 있었습니다. 하지만 아버지의 일은 호전되지 못하고 언제까지나 가난하기만 했다고 합니다.

하지만 아들 한스 크리스찬에게는 아버지가 가난하고 한가한 구두 수선공이라는 점은 오히려 잘된 일일지도 모릅니다. 아버지는 남아도는 시간을 아들과 놀아주는데 써 준 것입니다.

예를 들어 아버지는 그를 위해 덴마크 극작가 홀베어의 희극이나 《아라비안 나이트》를 여러 번 들려주었고, 꼭두각시와 장난감을 타고난 솜씨로 손수 만들어 주었습니다. 꼭두각시 인형을 춤추게 하기 위한 무대까지 아버지는 만들어 주었습니다.

아버지가 그런 공상의 세계에서 놀게 하는 걸 좋아한 것은 한스 크리스찬에게는 할아버지의 영향이 있었을지도 모릅니다. 할아버지도 만드는 것을 좋아하는 성격으로, 별난 목제 동물을 만들면 그것을 가지고 산책하러 나와, 도중에 만난 아이들에게 주기도 했다고 합니다.

한스 크리스찬이 나중에 동화작가로 대성하게 된 이유는 할아버지의 창작성에 있었다고 할 수도 있습니다.

또 아버지는 여름, 일요일이 되면 꼭 그를 숲으로 데려갔습니다. 그것은 자신이 숲속에서 뒹굴며 생각에 잠기는 시간을 갖기 위해서였던 것 같은데 아들에게는 숲이라는 필드에서 놀 수 있는 절호의 기회. 작은 새나 동물을 접할 수 있는 기회도 많이 있었을 것입니다. 그의 상상력의 원천 중 하나는 이 숲에서 구해진 것이겠지요.

한스 크리스찬은 자서전에서 어린 시절의 일을 이렇게 말하고 있습니다. "우리의 단 하나뿐인 작은 방은 구두 작업대와 침대, 그리고 내가 자던 접이식 침대로 이미 꽉 차 있었습니다. 벽에는 여러 장의 그림이 붙어 있었고, 작업대 건너편에는 책과 가요집이 가득 찬 책장이 놓여 있었습니다. 작은 부엌에는 번쩍번쩍 빛나는 땜납(납과 주석의 합금)제 접시가 가지런히 놓여 있었습니다. 이런 좁은 장소도 내게는 크고 넉넉한 것으로 느껴졌습니다. 풍경이 한면에 그려진 문조차도 그 당시의 내게는 일대 화랑처럼 멋지게 생각되었습니다."(《안데르센 꿈을 찾아낸 시인(アンデルセン 夢を

さがしあてた詩人》 ルーマ・ゴッデン著 偕成社)

　어린 시절 본 이런 광경은 그의 작품 속에서 잘 살아 있습니다.

▶ 한스 크리스찬 안데르센. 그의 동화는 그림 형제처럼 민속 설화로부터의 영향은 아주 미미하고, 자기 창작이 많다.

부모가 직업의 혜택을 누리지 못한 것이 아이에게 있어서 반드시 마이너스가 되는 것은 아닙니다. '일이 없다'는 것은 '시간이 있다'는 것. 이 남아도는 시간을 '아이를 위해 쓴다'는 것이 가능하면 아이의 인생에 대단히 긍정적인 영향을 미칠 수도 있습니다.

동화작가 한스 크리스천 안데르센의 삶도 일자리를 잃고 한가롭게 시간을 보내던 아버지가 그 남아도는 시간을 자식들을 위해 쓴 것에 영향을 받은 것이었습니다. 아버지는 남는 시간을 대부분 아들과 노는데 쓴 것입니다.

우울증이나 정리해고로 전직·퇴직한 사람에게는 '나는 형편없는 부모다'라고 느끼는 사람도 있을지 모릅니다. 하지만 '시간이 있다'라고 하는 것을 긍정적으로 다시 보는 것은 어떻습니까? '아이와 보낼 수 있는 시간이 많이 있다'라는 것이 되지 않을까요? 부모와 긴 시간을 함께 보낼 수 있는 것이 아이에게는 귀중한 성장의 기회가 될 수 있습니다.

아이들을 위해 '시간'을 쓴다.
그것이 아이의 마음을 풍요롭게 한다.

부모로서 신경이 쓰인다 ······

"

돈의 소중함을
배우게 해주고 싶다

마쓰시타 고노스케의

성장법에서 배워봅시다

마쓰시타 고노스케(松下幸之助)

(1894~1989)

가전제품 메이커 파나소닉의 창립자. 쇼와 시대의 대표적인 사업가, 기업가. 와카야마현(和歌山県) 태생. 초등학교 4학년, 아홉 살 때 집안이 몰락한 영향으로 고용살이로 내보내진다. 1910년 오사카 전등주식회사의 견습공으로 일한 뒤 18년 독립해 마쓰시타 전기기구제작소를 설립. 35년 주식회사로 개편해 마쓰시타전기산업이 된다. 산하에 수많은 자회사나 관련 회사를 거느리고, 스스로는 사장·회장 등으로서 경영을 주도. 73년까지 마쓰시타 전기산업의 회장으로 있었다. 46년 PHP연구소, 79년 마쓰시타 정경숙(政経塾)을 설립했다.

어렸을 때부터 장사 노하우를
몸에 지니고 있던 '경영의 신'

아이들이 좋아하는 놀이 중 하나로 '가게 놀이'가 있습니다. "어서 오세요!, 감사합니다!"라고 활기차게, 점원이나 손님이 되었다는 생각으로 놀고 있는 아이도 적지 않습니다.

자식을 둔 부모라면, 돈의 중요함이나 장사의 감각을 어릴 적부터 조금은 가르쳐 두고 싶다고 느끼고 있다고 생각하지만, 여기에서는 '경영의 신'이라고 칭송되고 있는 마쓰시타 고노스케의 성장법을 예로, '일이란 무엇인가?'라고 하는 것에 대해 배워보기로 합시다.

일본인 중에서 가장 유명한 기업가라고 할 수 있는 사람이 마쓰시타 고노스케이겠지요. 그가 설립한 마쓰시타 전기기구제작소는 마쓰시타전기산업으로 이름을 변경하여 현재는 파나소닉이라는 회사명으로 2018년에 창업 100주년을 맞이했습니다.

마쓰시타 고노스케는 1894년 와카야마현(和歌山県) 가이소군(海草郡) 와사무라(和佐村)(현재의 와카야마시(和歌山市))에 8형제 중 막내로서 태어났습니다. 아버지 마사쿠스(政楠)는 와카야마에서 200년간 이어온 유복한 농가의 소지주를 하고 있었지만, 고노스케가 네 살 때 쌀시장에 손을 대서 실패하여 마쓰시타 가문은 단번에 몰락하고 말았습니다. 고노스케가 아홉살 때 고용살이로 나오게 된 것은 이때문이었습니다. 그가 향한 곳은 오사카의 미야타화로(宮田火鉢) 가게였습니다.

화로점은 고노스케가 일하기 시작한 지 3개월 만에 문을 닫게 되는데, 이때 월급으로 받은 5전은 그의 생애에서 잊을 수 없는 월급이 되었습니다. 열 살 아이가 직접 일해서 번 돈이기 때문에 당연한 것입니다.

고노스케가 다음으로 일한 곳은 고다이(五代) 자전거 상회였습니다. 그는 착한 주인 부부가 운영하는 이 가게의 점원으로 장사의 노하우를 배우기 시작합니다.

고다이 자전거 상회에서 고노스케의 장사에 관한 일화로 알려진 것이 '담배 사두기' 이야기입니다.

그는 가게 앞에서 손님으로부터 담배 심부름을 자주 받고 있었습니다만, 여러 번 부탁받기 때문에 한꺼번에 사두면 금방 담배를 손님에게 드릴 수 있다는 것을 깨달았습니다.

그래서 10개를 한꺼번에 샀더니 1개를 덤으로 받습니다. 이것은 담배를 빨리 구할 수 있어서 고객에게도 도움이 되고, 고노스케도 담배 1개분의 이익을 얻을 수 있습니다. 고노스케의 상업적 아이디어는 어릴 때부터의 관심에 의한 것이었음을 알 수 있습니다.

또 같은 가게의 이야기로서는 경영의 본질에 관련되는 '깨달음'도 경험했습니다.

처음으로 혼자서 자전거를 팔 수 있었을 때의 이야기입니다. 점주와 손님과의 거래를 일상적으로 보고 있던 고노스케는 자전거를 할인 판매하는 경우 1할까지 허용된다는 것을 알고 있었습니다. 그래서 자신이 손님과 교환할 때도 그것을 응용하여 처음부터 1할 할인으로 팔았습니다만, 그것을 점주에게 전하자, "처음부터 할인해서 파는 사람이 있는가?"라고 단번에 내쳐져 버렸습니다.

고객의 눈치를 보면서 가격 흥정을 하는 것이 정석인데

처음부터 싼 가격으로 파는 것은 안 된다는 것입니다.

그러나 고노스케가 점주로부터 질타를 받은 것을 안 손님은 5푼 할인해서 살 것을 약속해 주었고, 게다가 '네가 있는 한 이 가게에서 사는 것을 약속하지'라고까지 말해 주었습니다. 고노스케는 이때 고객이 물건을 살 때의 판단기준이 반드시 가격만은 아니라는 것을 몸소 알았습니다.

나중에 고노스케가 자사의 사원이나 대리점 등과 진지하게 마주하여 소중히 다루어 온 원점은 가게에서의 경험이었다고 할 수 있습니다.

아이는 아이 취급을 받은 채로 있으면 언제까지나 아이인
채로 남아 있습니다. 독립된 하나의 인격체로 자라기 어렵게
되어버립니다. 반대로 빨리 어른으로 취급되어 제 몫을 하
는 아이는 주변 어른의 기대에 응답하듯이 빨리 제 몫을
하는 사람으로 성장해 갑니다. 그런 체험에 대해 빠뜨릴 수
없는 것은 자신이 일하여 금전적인 보수를 받는다고 하는
체험입니다. 예를 들어 중학생 등에서도 집안 일을 도와 용
돈을 받는 체험을 하고 있는 아이도 있습니다. 일한 보수로
돈을 받는 체험을 하고 있는 아이는 다른 아이보다 마음의
성장이 빠른 것 같습니다.

마쓰시타 고노스케는 열 살 때 점원으로 일하며 5전의
급료를 받았습니다. 이 5전이 그가 일해서 얻은 최초의 돈

이었습니다. 이러한 체험을 통해서 장사에 있어서 가장 중요한 것은 '인간과 인간의 신뢰 관계'라고 하는 것을 배웠습니다.

집에서 조그만 심부름이라도 상관없습니다. 일하고 보수를 받는 감각을 배우게 해주고 싶습니다.

'스스로 일하고 보수를 받는' 체험이
아이에게 큰 동기부여가 된다

❝ 내성적인 우리 아이지만, 사람을 보는 힘은 길러주고 싶다. 어떻게 해야 될까? ❞

도쿠가와 이에야스의

성장법에서 배워봅시다

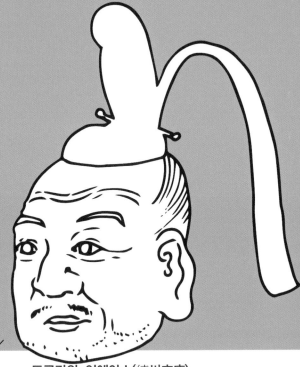

도쿠가와 이에야스(德川家康)
(1542~1616)

에도 막부의 초대 장군. 오카자키(岡崎) 성주·마쓰다이라 히로타다(松平宏忠)의 장남으로 태어났다. 어릴적 이름은 다케치요(竹千代), 나중에 모토노부(元信), 모토야스(元康). 6살 무렵 오다(織田) 가문에 이어 이마가와(今川) 가문의 인질이 된다. 후에 오다 노부나가(織田信長)와 결탁하여 미카와(三河)·스루가(駿河)를, 도요토미 히데요시(豊臣秀吉)와 화합하여 간토(関東)를 지배한다. 1603년 62세 때 우대신(右大臣) 세이이다이쇼군(征夷大將軍)이 되어 에도막부를 열었다. 오사카(大坂) 전투에서 도요토미가를 멸망으로 몰아, 무가제법도(武家諸法度), 금중병공가제법도(金中兵公家諸法度)를 정하여 막부정치의 기초를 다졌다. 1616년 1월 도미 튀김을 먹은 것이 발단으로 발병. 4월 17일 사망. 시즈오카시(静岡市)의 구노야마(久能山)에 묻혔다.

인질 생활 속에서 몸에 익힌
'사람을 관찰하는 힘'

유치원이나 초등학교에 다니는 학생 중에는 주위를 잘 관찰하고 있는 아이가 있습니다. 그것은 그들이 타고나면서부터 익히고 있는 특기인지도 모릅니다.

그렇다면 세상에 이름이 알려진 인물 중 '인간력(人間力)'을 가진 사람은 누구일까요? 그 대표적인 인물 중의 한 사람이 에도 막부를 연 도쿠가와 이에야스입니다.

이에야스는 남겨진 초상화 이미지에서 '너구리 아버지'라고도 불리며, 오다 노부나가나 도요토미 히데요시가 남겨둔 것을 토대로 막부를 연 '악인'이라는 인상을 가진 사람도 적지 않은 듯합니다. 그러나 최근의 연구에 의하면, 에도 시대는 260년 남짓이나 일본내에서 전쟁이 없는 평온한 시대였던, 말하자면 평화로운 시대였음이 밝혀졌습니다.

도쿠가와 막부의 평화(Pax Tokugawana)는 '인간력'이 뛰어난 이에야스가 생전에 마련한 정책이 두고두고 반영된 결과라고 보는 전문가도 많습니다.

이에야스의 어린 시절에 대해서는 불명확한 일도 적지 않습니다만, 역사적 사실에 따라서 그의 성장법을 되돌아보고 싶습니다.

소년 시절의 도쿠가와 이에야스를 말할 때 빠뜨릴 수 없는 키워드가 '인질 생활'입니다. 1542년 미카와국(三河国) 누카타군(額田郡)의 오카자키성(岡崎城)에서 태어난 다케치요(竹千代)(이에야스의 아명)는 아버지 마쓰다이라 히로타다(松平広忠)가 이마가와 요시모토(今川義元)에게 지원을 요청한 관계로, 47년 슨푸(駿府)(현재의 시즈오카시(静岡市))의 요시모토의 아래로 인질로서 보내지게 되었습니다.

오카자키에서 슨푸로 가는 도중에서는 해로로 아쓰미군(渥美郡) 다하라(田原)로 향했습니다만, 다하라 성주 도다 야스미쓰(戸田康光)(이에야스에게는 형식상의 조부)의 배반에 의해, 오와리(尾張)의 오다 노부히데(織田信秀)(노부나가의 아버지)에게 보내집니다. 요시모토가 노부히데의 아들 노부히로를 생포하고, 다케치요와 인질을 교환한 것은 2년 후의 일이었습니다. 이렇듯 이에야스의 어린 시절은 그야말로 전국시대에 농락당했다고 할 수 있습니다.

그런데 이에야스가 스루가(駿河)에서 어떤 생활을 하고 있었는가 하는 것에 대해서는 사실 잘 모릅니다. 그러나 어머니 오다이(於代) 쪽의 친정어머니인 겐오니(源応尼)(게요인(華陽院))가 다케치요를 양육하고 있었다고 합니다.

린자이(臨済)절(시즈오카시)에서 이마가와 요시모토를 섬긴 승려 다이겐조후 셋사이(太原崇孚雪斎)의 가르침을 받은 적도 있었던 것 같습니다. 셋사이는 책사로도 알려진 인물로 그로부터 글을 읽고 쓰는 것은 물론 중국의 고전 등을 배우고 있었다고 여겨집니다.

또 린자이절에는 일본 전국에서 다케치요와 동년대의 이른바 소승들이 모였고, 또한 이마가와 가문을 섬기는 가신, 다른 나라에서 모여든 인질들이 있었습니다. 그런 가운데 자신의 입지를 모색하며 살아가야 할 다케치요는 이 린자이절에서 '사람을 관찰하는 힘'을 많이 길렀을 것입니다.

나중에 에도 막부를 열게 되는 이에야스의 '인간력'의 원점은 아이러니컬하게도 그러한 인질생활에서 얻어진 것이라고 하지 않을 수 없습니다.

이 시대의 이에야스의 일화로 알려진 것이 다음과 같은 이야기입니다.

슨푸 쪽으로 흐르는 아베(安部)강에서의 일. 여기에서는 매년 5월 5일에 아이들이 두 패로 나뉘어 강을 사이에 두고 돌팔매질을 하는 풍습이 있었습니다. 다케치요가 보고 있을 때의 싸움은 한 쪽이 300명, 다른 쪽이 150명 정도의 싸움이었습니다. 이 모습을 보고 있던 다케치요 함께 있던 이마가와가문의 신하에게 "어느 쪽이 이길까?"라고 물었습니다.

"물론 인원수가 많은 쪽이 이기게 마련이다"라는 가신. 그러나 다케치요는 "나는 인원수가 적은 쪽이 이긴다고 생각한다."라고 대답했습니다. 왜일까?

그것은 '인원수가 적은 쪽이 서로 한마음으로 싸울 수 있다. 인원수가 많은 쪽은 자기 진영의 수가 많음에 안심해 버려 진지해지지 않는다'라고 분석했기 때문입니다.

신하들은 이 말을 듣고 장차 다케치요가 대성할 것을 확신했다고 합니다. 이에야스가 보는 눈이 아주 좋았다는 것을 보여주는 일화라고 할 수 있습니다.

도쿠가와 이에야스라는 인간을 크게 만든 것은 그가 여섯 살 때부터의 '인질생활'입니다. 인질이었던 이에야스는 거기서 통상적으로 체험할 수 없는 체험을 했습니다.

예를 들어 학교의 반에서 혼자 외톨이로 고립된 아이가 있다고 합시다. 그렇지만 그러한 아이 중에는 '인간을 관찰하는 힘'이 풍부해지는 아이가 적지 않습니다.

친구가 많이 있는 아이는 항상 교실 안에서 왁자지껄하게 즐기고 있습니다. 한편 혼자인 아이는 어떻게 하고 있는가 하면, 사실은 반에서 일어나고 있는 일을 냉정하게 관찰하고 있는 경우가 많습니다.

'저 아이는 이런 행동을 하고 있다', '저 아이는 그런 성격이었구나!' 등으로 주위의 상황을 차분히 관찰하고 있는 것이 적지 않습니다.

　부모로서는 '친구가 생기지 않는 것일까……'라고 걱정하고 있는 일도 많다고 생각합니다. 하지만 너무 걱정할 필요는 없습니다. 친구가 적기 때문에 기를 수 있는 훌륭한 능력도 있습니다.

혼자 외톨이로 있을 때야말로,

아이는 '사람을 보는 힘'을 기르고 있다

자신감·

자립심을

기르다

어쩌면 아이가 학교에서

괴롭힘을 당하고 있을지도 모른다······.

너무 과보호로 키웠나?

우리 아이를 제대로 제 몫을 하는 사람으로 키우려면,

어떻게 하면 좋을까?

그런 아이의 자립을 고민하고 있을 때야말로,

위대한 선배들의 어린 시절에서

배워봅시다.

"

아이가 학교에서
놀림받고
있는 것 같다 ……

"

호킹의
성장법에서 배워봅시다

스티븐 호킹(Stephen Hawking)
(1942~2018)

영국의 이론 물리학자. 1962년 옥스퍼드 대학교를 졸업한 후, 케임브리지 대학교 트리니티홀에서 학위를 취득. 63년 낙상을 거듭하면서 전문의에게 검사를 받은 결과, 근위축성 측색경화증(ALS)으로 판명되었다. 남은 생명이 2년이라고 선고받았다. 그러나 그후 과학자로 세상에 이름이 알려지기 시작했고, 74년에는 사상 최연소로 영국왕립협회 회원이 되었다. 88년 《시간의 역사(A Brief History of Time)》을 출판, 전 세계에서 베스트셀러가 되었다. 2018년 사망.

말이 빠르고 스포츠를 잘 못함……
전형적인 공부벌레 타입

2018년 3월 14일 영국의 이론 물리학자 스티븐 호킹이 사망했습니다(향년 76세). 21세 때 근위축성 측색경화증(ALS)이라는 불치병 진단을 받고 휠체어를 타고 생활해야 했습니다. 그러나 가족에 의하면 연구생 및 교수로서의 생활을 한 케임브리지 대학교 근처의 자택에서 평온하게 숨을 거두었다고 합니다.

《시간의 역사》라고 하는 저서로 일약 세계에 이름을 떨친 호킹. 그를 가장 유명하게 만든 업적은 자신의 말로 표현하자면 '블랙홀이 그렇게 검지 않다'는 것을 수학적으로 증명한 것입니다. 블랙홀은 이름 그대로 빛조차도 강한 중력에서 벗어날 수 없어서 '검다'라고 불리었는데, 1973

년 호킹은 블랙홀이 항상 일정량의 방사를 하고 있다는 것을 양자론을 통해 증명했습니다. 이것은 지금까지의 연구 결과를 일변시킬 정도의 놀라운 발견이었습니다.

한편 아인슈타인과 함께 지금까지도 세계에서 가장 유명한 이론물리학자인 호킹입니다만, 어린 시절에는 어떤 남자아이였을까요?

호킹은 보기와는 다르게 이른바 '공부벌레' 타입의 소년이었던 것 같습니다. 주위에는 접근하기 힘든 분위기를 주고, 입고 있는 교복은 갓 입기 시작한 듯 단정한데, 웬일인지 머리칼은 헝클어져 있습니다. 날씬한 체형은 신경질적인 성격을 느끼게 하고 스포츠에는 전혀 관심이 없습니다. 심지어 하는 말은 빠릅니다. 주위 사람들은 '어딘가 나사가 빠져있다'고 스티븐을 보고 있었던 깃 같습니다. 그런 그는 반 내에서 고립되어 있었고, 반 친구들로부터 놀림을 받고 있었습니다.

12세 때 반 친구들이 '어차피 저놈은 변변치 못하다'고 해서 사탕 한 봉지를 내기했던 적이 있었다든가. 이 사건에 대해 정작 스티븐은 "과연 이 내기가 결말이 났는지 안 났는지, 어느 쪽이 이겼는지 나는 모른다"라고 말했습니다 (《호킹, 스스로를 말하다(ホーキング、自らを語る》 ス

ティーヴン・ホーキング あすなろ書房). 어이없게도 자신을 비판할 수 있었던 것은 그가 자신에게 자신감을 가졌기 때문이기도 했을 것입니다. 그는 어느 학교를 나왔는지, 누구를 만났는지는 상관없다. 무엇을 하느냐가 중요하다는 말도 합니다.

10대의 스티븐이 열중한 것은 비행기와 배의 모형을 만드는 것이었습니다. 그는 그 이유에 대해 이렇게 말하고 있습니다.

"스스로 움직일 수 있는 모형을 만드는 것이 목적으로 모양은 아무래도 좋았다. 친구들과 함께 보드게임 만들기에 재미를 붙였던 것도 같은 이유였던 것 같다. 게임에서도 전철이나 보트나 비행기에서도 어쨌든 움직이는 구조를 알고, 움직여 보고 싶었다."

그의 이러한 생각은 곧 우주를 아는 데에도 응용되어 갑니다. 그리고 우주의 법칙을 이해한다는 것은 어떤 의미에서 우주를 움직일 수 있다는 것이라는 사고방식으로 옮겨가는 것입니다(《3분이면 알 수 있는 호킹(3分で分かるホーキング)》 폴·파슨스, 게일·딕슨 엑스나레지).

또 어린 시절 스티븐에게 가장 큰 영향을 끼친 것은 타타선생님과의 만남이었습니다. 디크런 타타는 1950년대 세인트올번스에서 수학을 가르치던 인물로 엑시터대학교에서 가르칠 때는 대학원생들과 함께 케이크를 굽거나 전원지대에서 영화를 찍었다고 합니다

이러한 고정관념을 떨쳐 버린 것과 같은 교사를 만난 것으로 스티븐은 유연한 사고를 획득하여 마침내 우주의 수수께끼를 자유롭게 풀어냈겠지요.

양육에 활용하고 싶은 포인트

2018년에 세상을 떠났지만, 현대를 대표하는 이론물리학자로 남아있는 스티븐 호킹 박사. 그는 이른바 공부벌레 타입으로 소년 시절에 오로지 공부만 했다고 합니다. 주위에서 보면 조금 접근하기 어려운 존재였던 것 같고, 반에서도 고립되어 계속 놀림을 받고 있었습니다.

그런 스티븐을 구한 것은 한 교사와의 만남이었습니다. 그 선생님은 매우 자유로운 사고를 가지고 있습니다. 고정 관념을 버리고 자유롭게 행동하던 그 선생님과의 만남으로 스티븐 소년은 비로소 자신을 인정받았다고 느낍니다.

그리고 그것이 그의 자유로운 생각을 깊게 해서, 나중에 우주의 수수께끼를 푸는 원동력이 되었습니다.

호킹 박사의 전반생(前半生)은 자기를 이해해 주는 단 한 사람의 교사와의 만남이 있다면 아이는 자기의 능력을 순수하게 발휘하며 긍정적으로 살아가는 힘을 얻을 수 있다는 것을 보여줍니다.

모두에게 받아들여질 필요는 없다.
자신을 이해하는 선생님과의 만남이
아이를 구한다.

부모로서 신경이 쓰인다 ……

"

우리 아이는 학교의
트러블 메이커
난처하다 ……

"

베이브 루스의
성장법에서 배워봅시다

베이브 루스(Babe Ruth)
(1895~1948)

미국 야구 선수. 본명 조지 허먼 루스. 1914년 보스턴 레드삭스에 입단. 처음 투수로 월드시리즈에서 29와 3분의2이닝 무실점이라는 기록도 보유할 정도였지만, 타격 감각을 인정받아 뉴욕 양키스로 이적. 그후 보스턴 브레이브스로 이적해 조감독을 겸임했다. 35년 현역 은퇴 후에는 베이브 루스 재단을 설립해 복지사업에 전념하는 등 사회공헌의 길을 걸었다. 통산 타율 3할4푼2리, 타점 2217, 홈런 714.

장난꾸러기 조지를 바꾼
마티아스 선생님과의 만남

미국 메이저리그 로스앤젤레스 에인절스에 소속된 오타니 쇼헤이(小谷翔平)선수. 2018년 바다를 건너 성공을 거둔 야구선수인데, 그의 대명사가 바로 '이도류(二刀流 : 투타겸업)'이다. 이것은 투수와 타자를 동시에 하는 것으로, 2014년 일본 프로야구 최초로 '두 자릿수 승리와 두 자릿수 홈런(11승, 10홈런)'을 기록했습니다.

야쿠르트 스왈로스의 감독을 맡은 적도 있는 세키네 준조(関根純三)씨를 비롯해, 과거에도 몇 명인가 투타겸업이었던 선수도 있었지만, 오타니 선수만큼 좋은 성적을 거둔 사람은 없었습니다. 이것이 그가 '일본의 베이브 루스'라고 칭송을 받게 된 이유입니다.

베이브 루스는 메이저리그 최초로 명예의 전당에 헌액됐고, 등번호 3번은 뉴욕 양키스의 영구결번이 된 인물입니다. 본명은 조지 허먼 루스라고 하는데, 얼굴이 둥글고 동안이어서 마치 아기(Babe)같다고 해서 '베이브'라는 애칭으로 불리게 되었습니다.

현역을 은퇴하고 나서는 베이브 루스 재단을 설립하여 복지 사업을 하기도 하여, 마음씨 고운 슈퍼스타라는 인상이 강합니다.

그런데 소년 시절의 베이브 루스는 특이하게 개구쟁이로 유명했습니다. 조지는 1895년 미국 볼티모어에서 태어났는데, 여기는 항구도시. 주위에는 부두에서 일하는 난폭한 남자들이 많았습니다. 게다가 조지의 집은 거기서 술집을 운영하고 있었기 때문에 그의 주위에는 싸움이나 말다툼이 항상 벌어졌습니다.

조지의 부모는 술집을 번창시키려고 바쁘게 일하고 있어서, 어린 조지에게 눈을 돌릴 시간을 별로 갖지 못했던 모양입니다. 그는 점차 나쁜 동료와 어울리게 되었고, 일곱 살 무렵에는 이미 씹는 담배를 입에 물고 있었다고 전해집니다.

조지는 확실히 '악동'이었습니다.

그런 조지에게 전기(轉機)가 찾아옵니다.

그의 행동으로 난처해진 어머니에 의해, 세인트 메리 학교에 들어가게 됩니다. 그 학교는 불량 소년이나 고아들이 모이는 학교로 알려져 있었습니다. 그도 불량 소년 중 한 명으로 인식되었던 것입니다.

그러나 이 학교에 들어갈 수 있었던 것이 나중에 '베이브 루스'를 낳는 계기가 되었습니다. 이 학교에 있던 마티아스 선생님이 그를 야구의 길로 이끌어 준 것입니다.

이 마티아스 선생님의 성격은 온화해서 좀처럼 소리를 지르는 일도 없고, 항상 미소를 잃지 않았습니다. 입학 당시 조지는 학교가 싫어서, 빠져나와 집으로 돌아가기도 했지만, 데리고 돌아온 조지를 따뜻하게 맞아 주었습니다. 그럴 때 마티아스 선생님은 "공부가 싫으면 안 해도 된다. 그렇지만 아버지에게 걱정을 끼쳐서는 안 된다"라는 말을 했다고 합니다.

마티아스 선생님이 오면 그때까지 크게 싸우고 있었다고 하더라도 금새 조용해졌다고 합니다. 학생들은 마티아스 선생님을 진심으로 존경하고 있었기 때문에, 그들은 스스로의 행동을 조절할 수 있었습니다.

조지도 씹는 담배를 끊었고, 그렇게 싫어하던 공부도 적극적으로 하게 되었습니다. 어느 여름날 교정에서 야구연습을 본 조지는 선생님의 권유로 훈련에 참가했습니다.

야구의 센스를 십이분 발휘한 그는 메릴랜드대학교 야구팀과의 경기에서 높은 평가를 받게 되고, 그 경기를 보던 마이너리그 구단 감독 잭 던의 눈에 띄어 메이저리거의 길을 가게 되었습니다.

베이브 루스의 소년 시절은 흔히 말하면 '말썽꾸러기' 이른바 '악동'이었습니다. 이것은 그가 자란 환경도 영향을 준 것 같습니다. 항구도시에서 태어나고 자란 그의 주위에는 부두에서 일하는 난폭한 사람이 많이 있어서 항상 분쟁이 끊이지 않았습니다.

제가 상담에서 보는 아이들도 마찬가지입니다. 가족간의 다툼이나 싸움이 끊이지 않는 집의 아이들이 역시 학교나 아동보육에서 다른 아이들을 집적거리거나 말다툼을 해서 말썽을 일으키는 경우가 많습니다.

그의 인생을 바꾼 것은 마티아스라는 한 선생님과의 만남. 잔잔한 미소를 잃지 않던 선생님은 그가 진심으로 신뢰할 수 있는 어른이었습니다. 신뢰하고 존경했기에 베이브 루스를 비롯한 많은 아이들이 마티아스 선생님의 말씀대로 따랐던 것입니다. 이것도 '진심으로 믿고 존경할 수 있는 선생님과의 만남'이 자녀의 인생을 크게 바꾸어가는 좋은 예이고, 그런 선생님을 만날 기회를 생각하는 것은 부모의 의무 중 하나이기도 합니다.

'진심으로 신뢰하고 존경할 수 있는
선생님과의 만남'을 찾는 것도
부모의 의무 중 하나

＂

이혼하기로 하면
아이는 어떤
마음일까?

＂

뉴턴의
성장법에서 배워봅시다

아이작 뉴턴(Isaac Newton)
(1642~1727)

영국의 물리학자, 수학자, 천문학자. 1665년 런던에서 흑사병이 유행한 것을 계기로 고향으로 돌아왔고, 그후 사과가 떨어지는 것을 보면서 만유인력(중력)에 관심을 가졌다고 전해진다. 또 '미적분'이라는 수학적 과제에 열중한 것도 그해의 일. 만유인력에 의한 행성운동의 설명은 천문학자 핼리의 권유에 따라 87년 간행된 《프린키피아(자연철학의 수학적 원리)》에 정리되어 있다. 이후 런던으로 옮겨가면서부터 조폐국 감사, 국장 등을 역임했다.

고독한 소년 시절이 기이하게도
만유인력의 법칙의 발견으로 이어지다

일본 후생노동성의 2018년 3월 발표에 따르면 2016년 이혼 건수는 21만 6798쌍으로 전년보다 9417쌍 감소했습니다. 2001년을 정점으로 이혼 건수는 감소 추세에 있는 것 같습니다.

그렇다고 해서 이혼하는 부부가 완전히 사라진 것은 아닙니다. 울며 겨자먹기로 부모와 멀어지는 아이도 적지 않습니다. '이혼'이라는 행위는 실제로 자녀에게 어떤 영향을 주고 있을까요? '근대 물리학의 시조'라는 칭송을 받는 뉴턴의 예를 들어 생각해 봅시다.

1642년 12월 25일 영국 링컨셔 주의 작은 마을 울즈소프에서 태어난 아이작 뉴턴. 아이작이라는 이름은 아버지의 이름을 이어받은 것이었지만, 사실 이때 그의 아버지는 이미 세상에 없었습니다. 같은 해 10월 아버지 아이작은 병으로 인해 돌아가신 상태였습니다.

게다가 아들 아이작에게 더욱 슬픈 운명이 덮쳐 옵니다. 1646년 1월 그가 세 살 때 어머니 한나가 재혼하게 된 것입니다. 한나는 남편보다 더 좋은 집안 출신이고, 한나의 남동생 윌리엄 아이스코프는 케임브리지 대학교에서도 공부한 적이 있는 교양인. 그 무렵에는 가까운 마을에서 목사를 하고 있었습니다. 그 관계 때문일까요? 어머니는 목사와 재혼을 하게 된 것입니다. 상대인 바나바스 스미스는 이때 63세의 나이였습니다.

이때 한나는 어떤 판단을 했을까요?

그녀는 스미스와 재혼하면서 아들 아이작을 자신의 어머니에게 맡기기로 한 것입니다. 그녀가 출가한 곳은 원래 있던 곳에서 2킬로미터 정도 거리임에도 불구하고 어머니는 친아들과의 관계를 끊은 것이었습니다.

세 살짜리 아이라면 엄마의 사랑을 가장 원할 나이입니다. 특히 아들은 아버지보다 어머니를 더 흠모하는 경향이 있습니다. 아들 아이작의 슬픔, 짓눌릴 것 같은 기분은 헤

아리고도 남음이 있습니다. 그리고 아이작은 이와 관련해 "어머니와 새아버지의 집에 불을 지르겠다고 외친 적이 있다"라고 고백했습니다. 어머니와 새아버지에 대한 분노의 정도를 알 수 있습니다.

어려서 부모를 잃은 아이작이지만, 고독을 견디는 가운데, 자기 혼자서 놀고, 배우는 힘을 몸에 익혀 갑니다. 그 중에서도 그의 마음을 사로잡은 것이 해시계의 제작이었습니다. 그가 다녔던 콜스터워쓰의 교회에는 그가 아홉 살 때 펜나이프로 돌에 새긴 해시계가 지금도 보존되어 있습니다. 아이작 소년은 태양이 무엇인가에 부딪쳐 만드는 그림자에 크게 흥미를 가지고 열중했습니다.

그의 손재주는 소년 시절부터 발휘되었습니다. 그랜섬의 킹즈 스쿨이라는 무료 글래머 스쿨에 다닐 때는 어머니가 보내는 용돈을 절약해서 톱이나 망치, 끌 등의 공구 외에 나무 같은 재료도 사들여 물시계나 풍차 모형을 만들고 있었습니다. 바람이 없을 때에는 풍차 모형 속에 쥐를 넣고 다녔다고 합니다.

화학 실험을 시작한 것도 이 무렵으로, 킹스 스쿨의 교장은 '아이작은 케임브리지 대학교에 진학해야 한다'라고 생각했습니다. 아이작의 우수함은 주위에도 명확하게 전달되었을 것입니다.

또한 현대의 연구자 중에는 '아이작 뉴턴은 아스퍼스 증후군(자폐증의 일종)이었던 것은 아닐까?'라고 생각하는 사람도 있습니다. 진상은 분명하지 않지만, 고독벽이 있었던 것은 확실합니다.

부모가 없는 가정에서 자랐다고는 해도, 아이작을 지탱해 주는 사람은 있었습니다. 그 중 한 사람이 어머니의 남동생 아이스코프였습니다. 아이스코프는 어머니 한나가 없는 동안 아이작의 후견인으로서 그를 지탱하고 있었던 것입니다. 이러한 주위 환경이 아이작 소년의 꺾일 것 같은 마음을 간신히 지탱하여, 후년의 만유 인력 법칙의 발견으로 이어집니다.

아이작 뉴턴의 어린 시절은 매우 고독했다고 할 수 있습니다. 그가 태어나기 직전에 아버지가 돌아가셨고 이후 어머니는 재혼하게 되었습니다. 재혼 상대인 남성은 63세의 고령.게다가 이 남성과 재혼하면서 어머니는 아이작과의 관계를 끊어 버린 것입니다.

아직 세 살이었을 때 어머니를 빼앗겨 버린 것으로, 그는 엄청난 고독에 괴로워했을 것입니다. '집에 불을 질러버리겠다'고 외친 적도 있지만, 이것은 그의 슬픔을 단적으로 표현하고 있습니다.

그러나 아이작은 그런 고독의 와중에도, 자기 혼자서 놀고, 배워 가는 힘을 몸에 익힙니다.해시계 만들기, 물시계나 풍차 모형의 제작……

고독하기 때문에, 그 고독한 시간을 스스로 어떻게든 달래려고, 놀이를 궁리하고, 스스로를 치유하고 있던 소년 아이작. 아이에게는 고독을 견뎌낸다는 체험 속에서 다양한 능력을 갈고 닦고 길러가는 면도 있습니다.

아이는 외로움을 견디는 천재이기도 하다.
그 '고독'이 그들의 독창성을 키워준다.

"

아이가 거짓말을 하면
어떻게 대처해야 할까?

샤넬의
성장법에서 배워봅시다

코코 샤넬(Coco Chanel)
(1883~1971)

프랑스 태생의 패션 디자이너. 1910년 파리 캉봉거리에 모자 가게 '샤넬 모드'를 오픈. 그때까지 질질 끌 정도로 밑단이 긴 드레스가 주류였지만, 샤넬 옷은 치마 길이가 짧고, 추리닝을 소재로 도입하면서 활동적이고 기능적인 디자인의 옷이 되었다. 이로 인해 코르셋을 착용할 필요가 없어졌고, 많은 여성들의 지지를 받았다. 21년 발표된 향수 '샤넬 넘버 5'는 향이 오래 지속된다는 점이 이전까지의 향수와 확연히 다른 점이었다.

고아가 된 코코가 '거짓말쟁이'
가 된 진짜 이유

"오늘은 숙제 없어요.", "손을 씻고 왔어요.", "아빠가 과자 먹어도 좋다고 했어요."

부모님 중에는 아이가 평소에 반복해서 작은 거짓말을 하는 걸로 고민하는 분도 많을 것입니다. 부모로서는 '정직한 아이로 자랐으면 좋겠다'고 바랄 터인데, 아이는 애당초 왜 거짓말을 하게 될까요?

현대 여성들에게도 인기 있는 패션디자이너 코코 샤넬을 예로 들어 어린 자녀의 마음속을 들여다봅시다.

1883년 코코 샤넬은 프랑스 남서부 오베르뉴 지방의 작은 마을 소뮈르에서 태어났습니다. 아버지 알베르는 장돌뱅이로 짐마차에 상품을 싣고 나가면 며칠씩 돌아오지 않았습니다. 그래도 코코는 잘생기고 영어를 잘하며 재미있는 이야기를 들려주는 아버지를 무척 좋아하였습니다.

그런데 소녀 시절의 코코에게 불행이 찾아옵니다. 그녀가 33세 때 어머니 잔이 폐결핵으로 33세라는 젊은 나이에 세상을 떠나고 말았습니다. 장돌뱅이 아버지는 직장 때문에 코코를 포함한 세 딸을 성 마리아 수도회라는 기독교 단체가 운영하는 고아원에 맡겼습니다. 좋아했던 아버지에게 버려지고 버림받았다고 느낀 코코. 그 마음의 상처는 죽을 때까지 아물지 않은 것 같습니다.

당시 '아버지는 일자리를 구하기 위해 미국으로 떠났다. 그래서 일이 잘 풀리면 우리를 바로 데리러 올 수 있다'고 믿었고, 코코는 수녀들에게 실제로 그런 말을 했습니다. 현실은 아버지가 그후 그들을 데리러 온 적이 없었기 때문에 코코는 주위에 '거짓말'을 한 셈이 됩니다.

코코는 이윽고 세계적인 디자이너로 이름을 날리는데, 부모나 어린 시절을 묻는 것을 정말 싫어했습니다. 인터뷰어가 끈질기게 물어 볼 때는 "실례예요!"라고 하고, 화를 내거나, 입에서 나오는 대로 말을 해서 상대를 어리둥절케 하는 일도 있었다고 합니다.

이때의 심정에 대해서 그녀는 만년에 친한 친구에게 이렇게 말했습니다.

"재미로 내 성장 과정을 묻는 사람에게 진실을 말할 필요가 있어? 고아원 생활의 비참함은 체험해봐야 알지."

아버지의 사랑을 받지 않고 자란 코코의 속마음을 잘 보여주는 말이라고 할 수 있겠습니다.

그런데 고아원에서 주변 사람들과 사이가 좋지 않아 고집쟁이로 불리며 고립돼 있던 코코였지만, 그런 그녀를 위로한 것은 '바느질'이었습니다. 고아원에서는 아이들의 장래에 도움이 되기 위해 바느질 기술을 가르치고 있었습니다.

그리고 그녀는 거울에 비친 자신을 보고 이렇게 생각했습니다.

'교복을 짧게 하면 몸매가 좋아보일 수 있는데……'

고아원 교복은 기부금으로 구입한 이른바 빚. 자기가 자유롭게 쓸 수 있는게 아닙니다. 하지만 그녀는 교복을 디자인해 보고 싶었고, 자기가 마음에 그린 대로 스타일을 해보고 싶었습니다. 멋대로 교복을 재단했다고 해서 아침을 먹지 못한 코코였지만, 그런 건 상관없습니다. 다음날부터 그녀는 교복의 허리를 아주 조금 쥐어짜 보거나 소매를 가늘게 만들어 보거나 했습니다.

코코가 현재의 '샤넬' 브랜드의 원점인 모자 가게 '샤넬 모드'를 파리 캉봉 거리에 연 것은 1910년의 일('모드'란 '유행'을 가리킴). 이후 향수 '샤넬 넘버 5'의 발매(1921년), A라인 스커트가 특징적인 '샤넬 슈트'의 발표(1956년) 등으로 디자이너 입지를 굳혀나갔습니다.

'모드가 아니라 나는 스타일을 만들어냈다'

코코 샤넬의 긍지를 알 수 있는 명언 중 하나입니다.

코코 샤넬의 어린 시절 일화는 아이가 '거짓말을 하는 것의 의미'에 대해 생각하게 해줍니다. 고아원에 맡겨진 어린 그녀는 고독으로 가슴이 찢어졌겠지요. 수녀를 향해 "언젠가 아버지는 우리들을 데리러 온다"고 거짓말을 했습니다.

아이가 거짓말을 하면 '정직해져라'고 꾸짖는 부모님도 적지 않습니다. 하지만 코코의 일화는 아이에게 있어 '거짓말이란 자신이 살아 남기 위해 필요한 것', '자신의 마음을 너무 고통스러운 현실로부터 지키기 위해 필요한 것'임을 가르쳐줍니다. 제가 상담을 위해 만난 많은 아이들도 자주 거짓말을 하고 있었습니다. 하지만 거짓말에는 어떤 의미가 있습니다. 그 거짓말은 종종 창조적이고 생산적인 의미를 지니고 있습니다. 아이의 거짓말을 일방적으로 꾸짖기

전에 그 거짓말에는 어떤 '의미'가 있는가? 그 거짓말로 인해 아이는 자신의 무엇을 지키려고 하는가? 어른들은 그것에 대해 생각해야 할 것입니다.

아이가 왜 거짓말을 하고 있을까?
어른은 잠시 멈춰서 생각할 필요가 있다

부모로서 신경이 쓰인다 ……

"

아이를 위한다고 한 것이
반발을 불러일으켰다

"

나이팅게일의

성장법에서 배워봅시다

플로렌스 나이팅게일(Florence Nightingale)

(1820~1910)

영국 태생의 간호사로 의료 제도의 개혁자. 영국 상류층 가정에서 태어나 자라지만, 사교계에 의문을 품고 16세 때 하나님을 섬기라는 '하나님의 목소리'를 듣고 간호의 길에 나섰다. 독일에서 간호사 교육을 받고, 1853년 런던의 '아프고 가난한 여성을 돌보는 협회'의 지도감독자 자리에 오른다. 54년 10월 육군대신으로부터 간호단을 이끌고 크림전쟁 영국군 기지 스쿠타리로 가라는 요청을 받는다. 그가 크림의 천사라는 별명을 가진 것은 이 때문이다.

은근히 사교생활에 대한 불만을
안고 있던 나이팅게일

아이를 위해서 피아노나 바이올린과 같은 음악, 축구나 체조와 같은 스포츠, 그리고 학원과 견습이나 면학에 다니게 하고 있는 사람이 많이 있을 거라고 생각합니다.

하지만 아이가 자발적으로 시작한 경우는 좋지만, 부모 주도로 행하고 있는 것도 있지 않을까요? 영국의 사교 생활을 경험한 플로렌스 나이팅게일의 예를 들어 생각해 보기로 합시다.

1820년 영국 상류층 가정에서 태어난 플로렌스(애칭 플로). 플로렌스의 이름의 유래는 이탈리아 피렌체에 있습니다. 왜 영국인인 그녀의 이름의 유래가 이탈리아에 있는가 하면 부모의 신혼여행지인 피렌체에서 태어났기 때문입니다.

막대한 유산을 상속받은 아버지 윌리엄은 아내 프랜시스와 함께 신혼여행을 떠납니다. 신혼여행이라고 해도 며칠 안에 돌아오는 짧은 것이 아니고, 무려 3년의 긴 시간에 걸치는 것이었습니다. 윌리엄이 물려받은 유산은 그렇게도 많았습니다.

이윽고 둘 사이에는 이탈리아의 나폴리에서 첫딸 파시노프(애칭 파스), 그리고 피렌체에서 플로렌스가 태어났습니다. 영국에서 19세기의 상류층은 평생 일하지 않아도 땅값과 이자로 충분히 유복한 생활을 할 수 있는 신분의 사람들이었습니다. 그리고 이 출신은 나중에 플로렌스에 영향을 미치게 됩니다.

아버지 윌리엄의 교육방침은 엄격했다고 합니다. 두 딸에게 적합한 여성 가정교사를 찾았지만 찾을 수 없자 스스로 교육시켰습니다. 그리스어, 라틴어라고 하는 당시 상류층의 상식 외, 프랑스어, 이탈리아어, 역사, 철학 등 인문학계의 모든 지식을 가르쳤습니다. 또 회화나 음악 분야에는 따로 과외를 시켰다고 합니다. 이것도 저것도 딸을 사교계에 들여보내기 위한 준비 기간이었는데, 정작 플로렌스는 자신이 처한 상황을 어떻게 생각하고 있었던 걸까요?

나이팅게일 일가는 1837년 9월부터 무려 18개월에 걸친 대륙 여행을 떠났는데, 출발 전에 남긴 그녀의 말이 남아 있습니다. 이렇게 적혀있었습니다.

'쓸데없는 일에 시간을 낭비하는 것이 아니라, 나는 뭔가 제대로 된 직업이라든가 가치 있는 일을 하고 싶어 안달이 났다.'

플로렌스는 수없이 많은 손님을 집으로 초대해 성대한 파티를 열거나 피부를 아름답게 보이기 위해 설사약을 억지로 복용하는 등의 상류층 특유의 습관에 염증을 느꼈던 모양입니다. 아름다운 드레스를 가졌지만, 하인이 없으면 입을 수 없는 귀부인을 경멸하는 눈초리로 보기도 했습니다.

플로렌스는 비록 상류층 가정에서 태어났지만, 거기에는 익숙하지 못했습니다.

그 반작용일까요? 1837년 2월 7일 플로렌스는 '하나님의 목소리'를 듣습니다.

그녀가 쓴 메모에는 이렇게 적혀 있었습니다.

'하나님의 목소리가 도달하여 하나님을 모시도록 했습니다.'

그때는 아직 어떻게 하나님을 섬겨야 할지 몰랐던 플로렌스였는데, 1844년 24세 때 갑자기 눈을 떴다고 합니다.

그것이 바로 '병원에서 환자를 돌본다'는 것이었습니다. 간호사라고 하면 현재는 일반적인 직업이지만, 위생 상태가 극단적으로 나빴던 당시의 병원에서 일한다는 것은 큰 결심이 필요한 일이었습니다. 하지만 그녀는 이미 마음먹고 있었습니다. 그리고 90세에 죽을 때까지 위생 개혁과 사회 개량에 오랫동안 몸을 던지게 됩니다.

▶ 플로렌스 나이팅게일. 그녀의 생일(5월 12일)은 현재 '국제 간호사의 날'로 제정되어 있다.

플로렌스 나이팅게일은 상류층 출신이지만, 어릴 때 많은 손님을 초대하여 성대한 파티를 하거나 겉치레만 꾸미는 생활의 공허함에 싫증이 났습니다. 그래서 '진짜 가치 있는 일을 하고 싶다'는 생각이 들어 환자를 돌보는 간호사를 선택하게 된 것입니다. 위생 상태가 나쁜 당시의 병원에서 일하는 것은 상류층에 있어서는 생각할 수 없는 일. 하지만 공허한 생활보다 사람들에게 도움이 되는 일에 일생을 바치는 것을 선택했습니다.

아이를 키우면서 혹시 이런 기분이 들 때가 있을 지도 모릅니다. '우리 집은 결점 투성이. 어머니도 아버지도 가망이 없어. 다른 가정에서 태어났으면 좋았을 텐데……'라고. 괜찮습니다. 아이는 많은 부모가 생각하는 것보다 더 현명한 생물입니다. 가정이 극단적이고 결함이 있다고 해도 그것을 반면 교사로 삼아, 아이는 중요한 '무엇'을 배우고 있습니다. 그리고 자기가 자란 가정과는 전혀 반대 방향으로 인생의 방향을 잡는 아이도 적지 않습니다.

극단적인 가정에서 자랐기 때문에
무언가를 발견하고,
현명하게 자라나는 아이도 많다

"

귀여움을 너무 많이
받으면 아이는
어떻게 될까?

"

프로이트의
성장법에서 배워봅시다

지그문트 프로이트(Sigmund Freud)
(1856~1939)

오스트리아의 정신과 의사로 정신분석의 창시자. 빈 대학교 의과대학에서 생리학, 진화론 등을 공부한 후 파리의 신경과 의사 샤르코에게 유학하여 신경증 치료에 관심을 가진다. 그 업적은 정신의학에 그치지 않고 현대사상, 사회과학 등에도 영향을 미쳤다. 1938년 나치 독일에 의해 빈이 점령당하자 런던으로 망명. 이듬해 이곳에서 세상을 떠났다. 또한 그의 학문적인 후계자가 된 것은 막내딸 안나 단 한 명으로 아동에 관한 정신분석의 일인자가 되었다.

복잡한 가정환경이 프로이트를
정신분석 의사로 키웠다!?

재혼할 때 부모가 걱정하는 것은 아이가 새로운 부모와 잘 지낼 수 있는지 여부일 것입니다. 또 새로운 배우자와의 사이에 아이가 생기면 한쪽 부모가 다른 그들이 과연 잘 지낼 수 있을지 궁금할 것입니다.

무의식, 꿈, 에로스와 타나토스(죽음에 대한 욕구), 자아와 초자아……. 인간의 마음속 깊이 파고들어 그 시각에 혁명을 일으킨 정신분석의 창시자 지그문트 프로이트.

그의 가정환경은 복잡해서 그것이 원인이 되어 정신분석의 세계에 발을 들여놓았다는 설도 있을 정도입니다. 이제 지그문트를 정신과 의사로 이끈 어린 시절의 일들에 대해 알아보도록 합시다.

지그문트 프로이트는 1856년 모라비아 지방의 프라이베르크라는 마을에서 태어났습니다. 아버지 야코프는 유대인이었고, 가난한 양모 상인이었습니다. 어머니 아말리에도 역시 유대인이었습니다. 이 부모가 주위 사람들과 조금 달랐던 것은 아버지가 나이 마흔을 훨씬 넘었는데, 어머니가 아직 스무 살이라는 나이 차이만은 아니었습니다. 사실 아말리에는 야코프의 세 번째 부인이었습니다. 두 사람이 사는 집 근처에는 야코프와 첫 번째 아내 사이에 생긴 두 아들이 살고 있었습니다. 지그문트 소년의 배다른 형, 장남 에마누엘에 이르러서는 아말리에보다 나이가 많았다고 하니 놀랍습니다.

　지그문트의 어린 시절 놀이 상대는 에마누엘의 아들 존이었습니다. 그것은 지그문트에게 존은 조카가 되지만, 물론 존도 연상이었습니다.

　지그문트가 두 살이 지났을 때 여동생 안나가 출생하는데, 지그문트는 안나의 진짜 아버지는 친아버지 야코프가 아니라 맏형 에마누엘의 동생 필립이라고 믿어 의심치 않았던 시절도 있었다고 합니다(실제로는 지그문트가 자기 분석 과정에서 재구성한 기억이라고 한다).

　이렇듯 지그문트를 둘러싼 가족관계는 복잡하게 얽혀 있

었습니다. 그가 나중에 정신과 의사가 되어 정신분석의 일인자가 되는 배경에는 이러한 출신이 영향을 미치고 있다고 생각하는 것도 불가능한 것이 아닙니다.

덧붙여 지그문트의 성격을 형성한 또 다른 요인은 어머니 아말리에로부터의 편애라고 할 수 있을 정도로 사랑을 받고 자란 것입니다. 아말리에는 지그문트와 안나를 낳은 후 6년간 여자 아이 4명, 남자 아이 1명을 낳았습니다. 즉 그 6년 동안 아말리에는 항상 임신하고 있었다고 해도 이상하지 않은 상태에 있었습니다.

지그문트에게는 일곱 명의 남매가 있는데, 어머니 아말리에가 가장 귀여워한 것이 맏아들 지그문트였습니다. 아말리에는 맏아들을 '나의 보물(mein goldener)인 지그야'라고 부르며 아이들 중 유일하게 자기 방을 주었습니다. 또 그는 가족과 따로 저녁 식사를 하기도 했던 것 같습니다.

또 여동생 안나는 피아노를 너무 좋아해서 자주 쳤는데 지그문트가 "피아노 소리가 시끄러워서 공부를 할 수 없어!"라고 불평을 하자 부모는 피아노를 집밖으로 내다버렸습니다. 얼마나 부모가 지그문트를 귀여워했는지 알 수 있습니다.

나중에 지그문트는 이것에 대해 "내가 스스로 자신감을 갖을 수 있었던 것은 어머니가 편애해 주신 덕분이다"라고 했습니다. 귀여움을 너무 많이 받는 것은 찬반양론이 있다고 생각합니다만, 그것이 원인이 되어 세계적으로 이름을 남기는 인물로 성장하기도 한다는 것을 지그문트 프로이트의 어린 시절은 가르쳐 주고 있습니다.

▶ 지그문트 프로이트 그의 대표작인 《꿈의 해석》은 초판 600부로 간행되었지만, 완판까지 8년이 걸렸다고 한다.

우리 집은 다른 가정과 좀 다르다. 그것이 아이에게 악영향을 주지 않을까?

그런 걱정을 하는 사람들도 적지 않겠지요?

하지만 복잡한 가정에서 자랐기 때문에 인간 관찰력이 길러질 수도 있는 것을 지그문트 프로이트의 인생은 가르쳐줍니다. 그의 이복형은 자기의 어머니보다 나이가 많고, 조카조차도 그보다 나이가 많았습니다. 여동생은 또 다른 이복형과 어머니 사이에서 생긴 아이가 아닐까 의심하기도 했다고 합니다. 복잡한 가정에서 자람으로써 인간 통찰력을 갈고 닦은 그는 어린 시절의 체험이 일생을 만든다고 생각하고 인생의 수수께끼를 푸는 정신분석이라는 학문의 창설자가 된 것입니다.

또 프로이트는 "내가 나 자신에게 자신감을 가질 수 있었던 것은 어머니께서 절대적인 사랑을 계속 쏟아부으셨기 때문"이라고도 말했습니다. '너무 사랑해도 좋을까? 응석을 받아주는 것은 아닐까?'라고 의문을 가지는 사람도 있을 것입니다. 그러나 아이를 사랑한다면 그 절대적인 애정을 전력으로 계속 쏟아붓는 것이 소중합니다.

절대적인 애정을 계속 쏟아부어도 좋다.
그것이 아이의 자신감, 자기긍정감을
기른다.

> **"수학을
> 잘하는 것 같은데
> 그 능력을 기르는
> 방법이 있을까?"**

이노 다다타카의
성장법에서 배워봅시다

이노 다다타카(伊能忠敬)
(1745~1818)

에도 시대 중기의 측량가. 49세에 은거한 후, 에도의 천문학자 다카하시 요시토키(高橋至時)의 문하생이 되어, 천문학을 재차 배운다. 1800년 도호쿠(東北) 및 에조지(蝦夷地)(현재의 홋카이도(北海道))에서 측량을 실시하여 자오선을 측정. 이후 17년간 일본 각지를 돌아다니며 측량하고 일본지도 제작에 힘썼다. 다다타카의 대명사인 <대일본연해여지전도(大日本沿海輿地全圖)>가 완성된 것은 1821년의 일이다. 이때 다다타카는 이미 세상에 없었지만, 문하생들이 계속 측량에 힘써 훌륭하게 완성시켰다. 지바현(千葉県) 가토리시(香取市)에 이노 다다타카기념관이 있다.

수학의 능력을
'장사'에 활용하게 해준 사위

감수성이 풍부하고 그림책 읽기를 좋아한다. 하지만 숫자를 이용한 놀이도 좋아해서 수학을 좋아하는 것 같다. 장래에 문과와 이과 어느 쪽으로 가게 하는 것이 좋을까?

대학입시는 조금 미래일지도 모르지만, 아이의 공부 방향성에 대해서 고민하는 분도 계실지 모릅니다. 그럴 때는 일본 최초로 실측한 일본 지도를 완성한 측량가 이노 다다타카의 어린 시절이 참고가 됩니다.

그는 도대체 어떤 소년 시절을 보냈던 걸까요?

태평양에 접한 가즈키국(上総国) 야마베군(山辺郡) 구주쿠리하마(九十九里浜)의 고세키무라(小関村)(현재의 지바현

(千葉県) 산부군(山武郡) 구주쿠리쵸(九十九里町) 고세키 (小関))에서 1745년에 태어난 이노 다다타카. 출생 당시의 이름은 고세키 산지로(小関三治郎) 였습니다. 할아버지 고세키 고로자에몬(小関五郎左衛門)은 여러 명의 어부를 고용하는 선주였고, 아버지 사다쓰네(貞恒)는 데릴사위였습니다. 아버지와 어머니 미네와의 사이에서 3형제 중 막내로 태어난 것이 그였습니다.

하지만 산지로가 여섯 살이었을 때 어머니가 병으로 죽었습니다. 사위인 아버지는 외할아버지가 '딸(산지로의 어머니)의 남동생에게 대를 잇게 하겠다'는 뜻을 밝혔기 때문에 본가로 돌아가게 되었습니다. 다만 막내인 산지로만은 그대로 오제키 가문에 남게 됩니다. 그가 아버지의 본가로 돌려보내진 것은 그로부터 4년 후의 일입니다.

그러나 산지로에게는 그 4년이 매우 의미있는 시간이었습니다. 가문을 이은 외삼촌 밑에서 그는 서당에 다니고, 주판과 읽기를 배울 수 있었습니다. 산지로의 수학 능력이 처음으로 길러진 것은 이때의 일입니다. 또한 산지로는 태평양 위에 깜박이는 별들로 인하여 우주에 대한 흥미를 불러일으켰을 것입니다.

산지로가 12세 때, 아버지의 본가인 진보가(神保家)(촌장은 사다쓰네(貞恒)의 형)에 에도에서 조공 대장을 점검하는 관리가 온 적이 있었습니다. 이때 산지로는 관리들이나 서당에서는 배운 적이 없었던 주판의 복잡한 계산법을 배웠다고 합니다. 이런 새로운 계산 방법이 있었나하고 산지로는 매우 놀랐을 것입니다.

그후 산지로는 조소국(上総国) 근처, 히타치국(常陸国)(현재의 이바라키현(茨城県))의 쓰치우라(土浦)에 있는, 수학의 지식이 풍부한 스님 밑에서 기거하게 됩니다.

거기에서도 산지로의 수학 능력은 더욱 향상되었고, 스님은 "더 이상 네게 가르칠 것이 없다"고 하여 산지로를 집으로 돌려보냈다고 합니다, 그후 산지로는 사타다타이(佐忠太)로 개명했습니다.

17세 때 다다타카로 다시 이름을 바꾼 그는 시모소국(下総国) 가토리군(香取郡) 사하라무라(佐原村)(현재의 지바현(千葉県) 가토리시(香取市) 사하라(佐原))의 대지주 이노가(伊能家)에 데릴사위가 됩니다. 그의 이노 다다타카라는 이름은 이렇게 정해졌습니다.

다다타카는 술이나 간장 양조, 쌀 판매 등을 하던 이노가에서 특유의 재능을 발휘합니다. 그의 재능 중 하나인 수학이 '장사'에 큰 도움이 되었습니다.

그때는 1783년에 찾아왔습니다. 같은 해 5월에는 큰 비가 내려 토네(利根)강에 홍수가 나고, 7월에는 아사마(朝間)산(나가노현(長野県)·군마현(群馬県)이 대분화. 이윽고 이러한 사건들이 3년 후의 대기근의 발단이 됩니다.

그러나 다다타카는 이때 가진 힘을 총동원하여 촌장으로서 절차탁마(切磋琢磨)하는 관계에 있던 나가사와 지로에몬(永沢治郎右衛門)과 손잡고, 조세를 못 내게 된 농민에게 쌀과 금전을 주어 구제하고, 또 무너진 토네가와 강둑을 복원하기 위해 측량에 능한 다다타카는 적극적으로 진두지휘를 했다고 합니다. 다다타카의 이름을 단숨에 높인 이유는 바로 이런 리더십에 있었습니다.

다다타카는 훗날 일본 전국을 측량하고 다니게 되는데, 그 능력은 어린 시절의 주판 및 수학을 배우는 데 있었다고 할 수 있습니다.

여러분은 자녀를 어떤 방향으로 키우고 싶으세요?

아버지도 어머니도 이과라고 하는 가정이라면, '역시 이 아이도 장래 이과의 길로 가게 하고 싶다. 과학자가 되어주 길 바란다.' 등으로 이야기를 나누는 부부도 있을 것이라 생각합니다.

그런 방향으로 자녀를 키우고 싶다면 어떻게 하면 좋을 까요? 그럴 때는 철저한 영재 교육을 해도 좋을도 모릅니 다.

그중 한 예가 일본 최초로 실측 지도를 만든 인물로 유명 한 이노 다다타카의 성장법입니다. 다다타카는 어려서부터 서당을 다니기 시작했고, 수학과 읽기, 쓰기를 배웠습니다. 또 12살 때 에도에서 조공 대장을 점검하는 관리가 왔을 때,

그 관리로부터 서당에서 배울 수 없었던 수학의 복잡한 계산을 배웠습니다. 또한 수학 지식이 풍부한 스님 밑에서 기거하는 체험도 하였습니다. 이러한 소년시절의 '영재 교육'을 통해 그의 능력은 비약적으로 향상되었다고 할 수 있습니다.

이과로 진학시키고 싶다면 어릴 때부터
엘리트 교육이 주효할 수도

"

중학생이 되어서도
야뇨(夜尿)가 낫지 않다

"

사카모토 료마의
성장법에서 배워봅시다

사카모토 료마(坂本竜馬)
(1835~1867)

에도 시대 말기의 지사(志士). 실명은 나오나리(直柔), 별명으로 사이타니 우메타로(才谷梅太郎). 1865년 가메야마사추(亀山社中)(후의 가이엔타이(海援隊))를 나가사키(長崎)에서 결성. 이 회사는 무역회사이면서 물자 수송과 함께 항해 훈련을 하는 등 사적인 해군 성격도 갖고 있었다. 가메야마사추 결성을 계기로 사쓰나가(薩長) 동맹을 성립시켰으며, 다이쇼봉환(大政奉還)의 성립에 진력한 것으로 알려졌다. 1867년 11월 15일 교토의 오미야(近江屋)에서 도사번(土佐藩) 출신의 지사 나카오카 신타로(中岡慎太郎)와 함께 암살되었다. 암살범에 대해서는 아직까지 논란이 있다.

14세 때까지 야뇨를 하던 료마
그 버릇을 고치게 된 계기와 누나의 존재

일본의 위인 중에서 에도 막부 말기의 지사 사카모토 료마는 '부모가 이상형으로 여기는 인물'로 자주 꼽히고 있습니다. 일반적으로 밝고 낙천적이면서도, 호방하고 너그러워서 혼돈하고 있던 에도막부 말기의 정치 정세를 뒤에서 지배하고 있던 행동력이, 료마의 매력이 되고 있는 것 같습니다.

이런 료마의 이미지에는 작가 시바료타로(司馬遼太郎)의 소설 《료마가 간다》에서 그린 료마상이 많은 영향을 주는데, 어린 시절 그가 어떤 소년이었을까요?

료마의 어린 시절을 역사적 사실을 바탕으로 살펴봅시다.

사카모토 료마는 1835년 11월 15일 향사(鄕士)인 사카모토 하치헤이(坂本八平)의 차남으로 태어났습니다. 향사는 무사에 해당하는 신분이지만, 특히 농촌에 거주하는 무사를 지칭했습니다.따라서 시가(城下町)를 확보하는 무사들에 비해 신분이 낮다고 할 수 밖에 없었습니다.

그렇다고는 해도 료마의 생가인 사카모토 가문은 주조업, 전당포, 대금업 등을 경영하는 상인집안. 료마는 경제적인 걱정이 전혀 없는 집안에서 태어난 셈이지요.

료마가 12세 때 어머니 고(幸)가 죽었기 때문에 료마를 돌본 사람은 네 살 위인 누나 오토메(乙女)였습니다. 그리고 그녀야말로 료마를 최고의 남자로 키워낸 장본인이라고 해도 좋을 것입니다. 세키 미나코(関みな子) 《도사(土佐)의 부인들》(高知新聞社)에 의하면, 오토메는 '큰 체구로, 신장은 6척 남짓, 옷이 일 단으로는 모자라고, 허리끈은 8척이나 되었다고 합니다. (중략) 그래서 세상 사람들이 사카모토의 귀신왕이라고 했습니다'라고 쓰여있습니다. 6척이라고 하면 약 182센티미터나 되기 때문에, 꽤 큰 여성이었다고 상상할 수 있습니다(다른 자료에 의하면 실제의 키는 5척 8촌< 약 174센티미터>이고, 체중은 30관<112킬로미터>였다고 한다).

이 여장부 오토메와 료마는 어찌나 성미가 맞는지 료마가 억울한 죽음을 맞이할 때까지 깊은 친분을 맺습니다. 어릴 때 응석받이로 꽤나 잘난 료마는 동네 학원(또는 서당)에 들어갔을 때 성적이 나빠서 주위 친구들로부터 바보 취급을 받고, 이에 반항하는 형식으로 친구와 싸우고는 거꾸로 베임을 당하기도 했던 모양입니다.

그러나 그런 때에도 오토메는 울고 있는 남동생 료마를 향하여 "그래도 사내아이 아니냐!"라고 꾸짖었다고 합니다. 부유한 가정에서 태어나 조금은 느긋한 료마 소년이 좌절하지 않았던 것은 분명 오토메 덕분이겠지요.

료마가 남긴 편지는 현재 140여 통으로 확인되었는데, 수신처로 가장 많은 것이 오토메라고 합니다. 오토메에게 쓴 편지 문구로 가장 유명한 것은 '다시 일본을 선택하겠사옵니다'입니다만, 그 외에도 자신의 결의를 나타내거나 중요한 전기가 될 만한 사건을 료마가 맨 먼저 알린 상대는 오토메였습니다. 동생에게 누나가 정신적 지주가 되는 좋은 예라고 할 수 있습니다.

료마의 어린 시절 일화로 자주 언급되는 것은 14세가 지나도록 야뇨가 낫지 않았다는 것. 메이지의 저널리스트 사카자키 시란(坂崎紫蘭)은 '이미 14세를 넘었지만, 야뇨의 버릇을 끊지 못한다. 아버지라 할지라도 그 둔함에 한숨을

쉴 수 밖에'라고 쓰고 있습니다. 아버지 하치헤이도 청년이 되려고 하는데도 야뇨가 낫지 않는 아들을 걱정하고 있었겠지요.

그러나 료마가 야뇨를 치료하고 남자답게 성장한 것은 14세가 되어 성 아래 마을(城下)의 히네노(日根野) 도장에 다니기 시작한 것이 계기라고 할 수 있습니다. 이 도장에서 칼솜씨를 연마하는 동시에 자신감을 키웠던 료마는 완전히 '야뇨의 습관'이 나았다고 전해집니다. 더욱이 페리가 인솔하는 흑선이 오기 직전인 1853년 3월 료마는 히네노 도장으로부터 '오구리류와헤이호지(小栗流和兵法事) 목록' 1권을 받았습니다. 료마라고는 하지만, 19세까지는 홀로 설 수 없었던 것입니다.

▶ 사카모토 료마. 2009년 조사에 따르면 료마의 지명도는 99.4%(2000명의 앙케이트)나 되었다.

어려서부터 남자답고. 대담하고, 호탕하며, 느긋한 성격이었을 것이다. 그렇게 생각하는 사람들도 있겠지요. 사카모토 료마는 그렇게 생각되고 있는 인물의 전형입니다. 하지만 실제로 료마의 어린 시절은 그렇지 않았습니다. 무려 그는 14세 즉 중학교 2학년까지 야뇨가 낫지 않았다고 합니다. 그 나이까지 야뇨를 했다고 하면 왠지 가냘픈 이미지를 갖게 될지도 모릅니다만, 그것이 료마의 어린 시절이었습니다. 실제로 그 무렵의 료마는 굉장히 울보였고 응석받이로 자랐습니다.

용마의 성격을 크게 바꾼 것은 검도 도장을 다닌 체험이었습니다. 이 도장에서 검술을 연마함과 동시에 자신감을 얻어가고, 그에 따라 야뇨증도 고쳐진 것 같습니다.

    내가 교육상담사로 만난 남자아이들 중에도 가라테(空手)나 유도 등의 격투기를 배움으로써, 성격적으로 강해지고, 씩씩해진 아이가 많이 있습니다. '유소년기에 연약하더라도, 사춘기의 체험으로 남자는 강해질 수 있습니다'

사춘기의 체험에서 남자아이는 강해지는 법.
어릴 때에는 약해도 괜찮아~

행동력

실행력을

기르다

다른 아이와 다르게 행동하는 경우가 많다.

만화책만 본다,

요즈음은 등교거부를 하고 있다. …….

하지만 괜찮아요!

아이들에게는 뭔가 그들 나름의 '생각'이

있는 법입니다.

따뜻하게 다가서며,

그들의 마음에 귀를 기울여 봅시다.

부모로서 신경이 쓰인다 ······

밖에 잘 나가지 않고
집 안에서만 논다

퀴리의
성장법에서 배워봅시다

마리 퀴리(Marie Curie)
(1867~1934)

폴란드 태생의 물리학자, 화학자. 남편 피에르와 공동으로 방사능을 연구, 라듐과 폴로늄을 발견(폴로늄의 이름의 유래는 그녀의 조국 폴란드). 1902 년에는 순수한 염화 라듐 분리에도 성공했다. 03년 노벨상(물리학상)을 남편과 앙리 베크렐과 함께 수상. 06년 피에르가 마차에 치여 사망했지만, 그후에도 연구를 계속해 금속 라듐의 분리에 성공. 11년에는 자신의 두 번째 노벨상(화학상)을 수상했다. 14년 파리에 라듐연구소 퀴리관이 설립돼 소장이 된다. 사인은 백혈병.

아버지의 서재가 무척 마음에 든다.
딸이 흥미를 가진 것은?

1903년 여성 최초로 노벨상(물리학상)을 받았고, 1911년에도 화학상에서 노벨상을 받은 물리학자 마리 퀴리. 그녀는 노벨상을 두 번 수상한 첫 인물입니다.

1867년 폴란드 수도 바르샤바에서 태어난 마리. 어릴 때는 마냐로 불렸습니다(본명 마리아 스크워도프스카). 마냐는 5남매중 막내로, 언니가 3명, 오빠가 1명 있었습니다. 아버지는 중학교 이과(물리)와 수학 선생님, 어머니는 여학교 교장으로 있었습니다.

어린 시절의 마냐는 기억력이 매우 좋아서 네 살에 글자를 모두 외워 버릴 정도였습니다. 그녀의 세 살 위인 언니 브로냐가 힘들게 읽고 있던 책을 손에 쥔 마냐는 언니보다 더 술술 읽어 버렸다고 합니다. 마냐가 책을 좋아하는 것은 유명해서, 책에 푹 빠져 있으면 주위의 목소리는 거의 들리지 않았습니다. 또 기억력이 뛰어났던 그녀는 한번 읽은 책의 내용은 금방 외워버렸다고 합니다.

부모는 그런 마냐를 보고, '집안에서 책은 읽게 하지 않고, 더 밖에서 놀게 하는 편이 좋다'라고 생각했습니다. 그녀는 언니들이 학교에 가 있는 동안에는 집에서 혼자 블록 쌓기나 인형을 가지고 노는 것을 좋아했습니다.

마냐는 집 안에 있는 것을 아주 좋아했습니다. 왜냐하면 거기에는 자신의 호기심을 자극하는 어떤 장소가 있었기 때문입니다.

그것은 바로 아버지의 서재입니다. 이과 선생님이던 아버지의 방에는 광석 표본, 날씨를 알아보는 청우계, 검전기, 기압계, 실험용 구부러진 유리관 등이 즐비했습니다. 아버지의 서재는 어린 아이의 마음을 설레게 하기에 충분한 '보물 창고'였습니다. 눈을 반짝이며 기구를 바라보고 있는 딸에게 아버지는 "이건 물리 실험 기구야"라고 설명해 주었습니다.

마리 퀴리가 물리학자의 길을 걷게 된 계기의 한 단면은 이 방에 있었다고 할 수 있습니다.

또 마냐가 물리의 길에 뜻을 둔 것은 아버지의 서재에서 본 물리 실험기구에 대한 관심도 있었지만, 아비지에 대한 사모도 다분히 영향을 미쳤을 것입니다.

마냐가 아버지의 서재에서 실험 기구를 만진 것은 나중에 그녀의 둘째 딸 에브가 쓴 전기에서 소개한 일화입니다.

하지만 여기엔 뒷이야기가 있습니다.

사실 이때 그녀가 본 실험기구는 잠긴 찬장 안에 있었습니다. 1863년 1월 폴란드에서 무장봉기가 일어나 러시아 당국에 의해 폴란드 교직자의 물리학과 화학 수업이 금지되었습니다. 그녀는 이에 대해 '실습실도 주어지지 않았고, 실험은 할 수 없었다.'고 적혀 있습니다.

아버지는 국내 정세가 흐트러지지 않았다면 과학자로서 대성했을지도 모른다……. 어린 시절의 마리는 아버지를 가엾게 생각하고, 성공하지 못했던 아버지의 꿈을 내가 이루려 했던 것은 아닐까라고 했던 것입니다. 마리의 어머니는 그녀가 10살 무렵에 폐결핵으로 사망했습니다. 어머니가 폐결핵에 걸렸기 때문에, 그녀는 어머니로부터 충분한 사랑을 받을 수 없었습니다.

그녀가 아버지의 꿈을 대신 짊어진 이유는 어머니의 죽음에서도 찾을 수 있습니다.

▶ 마리 퀴리(왼쪽 끝)와 아버지, 언니들. 그녀의 연구용 노트는 100년이 지난 지금까지도 방사선을 계속 방출하고 있어 열람이 쉽지 않다.

많은 부모는 아이가 '밖에서 노는 것'을 좋다고 생각합니다. 집에서 노는 아이는 기운이 없는 아이, 기운이 있는 활발한 아이는 밖에서 노는 것, 그런 이미지가 강하기 때문일 것입니다.그러나 정말 밖에서 노는 편이 좋은가 하면 꼭 그렇지는 않습니다. 집안에 틀어박혀 있을 때 다양한 독창적인 체험을 하고 상상과 창의성의 씨앗을 키우는 경우가 적지 않습니다.

여성 최초로 노벨상을 수상한 마리 퀴리도 그런 어린 시절을 보냈습니다. 언니들이 학교에 가 있는 동안 마리는 집에서 혼자 놀고 있는 것을 좋아하는 아이였습니다. 그중에서도 그녀가 좋아했던 곳은 아버지의 서재였는데, 그녀에게 그곳은 바로 '보물 창고'였습니다.

그러한 장소에 몸을 두는 것으로, 그녀의 연구에 대한 소양은 길러졌습니다. 부모가 마음대로 좋고 나쁨을 결정하지 않고, 아이 자신의 흥미·관심에 우선은 다가서는 것의 중요함을, 퀴리의 어린 시절은 가르쳐 주고 있습니다.

아이 자신의 관심에 따라
그것을 돕는 것이 부모의 의무

> " 밖으로 놀러
> 다니는 건 나쁘지 않지만,
> 주변에 폐를 끼치는 것은
> 아닐까? "

갈릴레오 갈릴레이의

성장법에서 배워봅시다

갈릴레오 갈릴레이(Galileo Galilei)

(1564~1642)

이탈리아 태생의 천문학자, 물리학자. 19세 때 진자(振子)의 실험을 시작해 '진자의 등시성(시간의 간격이 일정하고 동일한 것)'을 발견. 22세 때 《소 저울(小天秤)》을 저술하여 수학자로 인정받게 되었다. 스스로 만든 망원경 으로 천체를 관측하여, 달의 요철이나 태양의 흑점 등을 발견, 코페르니쿠 스의 지동설을 지지했기 때문에 교회로부터 이단자로 간주되어, 종교 재판 의 법정에 섰다. 재판에서는 유죄, 종신형이 되어, 자택에 연금. 저서 《천문 대화》 등은 모두 금서가 되었다.

아버지로부터 진보적인 생각을 이어받아 탐험 놀이로 나날을 보내다

아이가 유치원이나 초등학교에서 친구와 활발히 노는 것 같지만, 정도가 지나쳐서 가끔 선생님으로부터 호출을 당했다……와 같은 경험을 한 분도, 여러분 안에는 계실지 모릅니다.

내성적인 성격보다는 외향적인 편이 좋은 것 같기도 한데, 애초에 활동적인 성격의 아이를 키우려면 어떤 것이 중요할까요? 근세의 대표적인 이단아 갈릴레오 갈릴레이의 성장법을 예로 들어 생각해 봅시다.

1564년 이탈리아 북부 피사의 사탑으로 유명한 토스카나 지방의 마을 피사에서 태어난 갈릴레오. 그는 나중에 당시 이단적인 생각이었던 지동설을 주장하여 종교재판에서 박해를 받으면서도 진리를 계속 추구한 반골의 인물이 되었는데, 그의 이런 성격에 영향을 미친 것은 분명 아버지였습니다.

아버지 빈첸초는 이름이 알려진 음악가로 음악 연구에 수학을 처음 도입하는 등 진보적인 성격의 소유자였습니다. 아들 갈릴레오도 아버지로부터 음악의 입문서를 받아, 방이나 들판에서 류트(기타나 비파를 닮은 악기)를 연주하며 즐거워했습니다.

한편 아버지는 유명한 사상가이기도 했습니다. 빈첸초는 옛날부터 내려온 지식을 그대로 받아들이는 것을 싫어했습니다.

그 때문에 학문의 세계에서도 권위를 갖고 있으면서도 개방적이지 못한 사람을 좋아하지 않았습니다. 즉 아버지의 사상의 근저에는 '반권력'의 정신이 있었다는 것입니다.

앞서 말한 것처럼 갈릴레오는 지동설을 주장하며 권력에 대항한 것이지만, 그 행동의 배경에는 아버지 빈첸초의 가르침이 엿보입니다.

다만 갈릴레오가 태어나기 1세기 전부터 시작된 '르네상스'도 당연히 그의 사상에 영향을 주었을 것입니다.

15~16세기 이탈리아를 중심으로 한 '고대 문화의 문예 부흥'인 르네상스의 시작지는 사실 갈릴레오가 태어난 토스카

나 지방이었습니다. 인쇄 기술의 발전에 동반해 일반 사람들이 많은 지식을 접할 기회가 증가하여 자신들이 생활하는 대지(지구)나 새로운 과학기술에 대해 더 알고 싶다고 바라는 사람이 끊이지 않았습니다.

갈릴레오는 어린 시절 활동적인 성격이었다고 전해지고 있습니다.

그가 좋아했던 것은 '탐험'입니다. 그는 아버지의 뜻에 따라 11세가 될 때까지 가정교사와 함께 집에서 공부를 하고 있었는데, 수업이 없을 때는 스스로 밖에 나가서 탐험놀이를 하고 있었다고 합니다. 터널이 있으면 들어가고 빈집이 세워져 있으면 안에 들어갔습니다.

성인이 된 갈릴레오는 사상가로 알려지기 때문에 내성적인 성격으로 보이지만, 사실 활발한 어린 시절을 보내고 있었습니다. 다만 그후 독자적인 교육을 실시하기 위한 돈의 여유가 없어져, 근처의 마을에 있는 수도원 학교에 다니게 된 갈릴레오는 아버지가 진학해 주기를 바랐던 의사의 길에 반항해 수학자로서 살게 됩니다. 아이러니컬하게도 아버지가 가르쳐준 '자신의 의견을 강하게 가진다'는 것이 아버지와 아들을 갈라놓는 원인이 되고 말았습니다. 하지만 그게다 나쁜 일이었다고는 할 수 없겠지요.

갈릴레오는 명저 《천문대화》 중에서 이렇게 말하고 있습니다.

'오해를 살 만한 불성실한 말을 하는 것보다 솔직히 모른다고 하는 게 훨씬 낫다.'

▶ 갈릴레오 갈릴레이. 그가 피사의 사탑에서
실시한 실험은 일설에 의하면 전설의
범위를 넘지 않는다고 여겨진다.

양육에 활용하고 싶은

포인트

남자 아이중에는 매일 '탐험'과 같은 생활을 한 아이도 적지 않습니다. 부모님이 조금만 눈을 떼면 곧 어디론가 가 버린다. 없어졌다고 생각하면 아직 안 가본 길로 가려고 한다. 아니! 이 길은 어디로 이어지지? 이 구멍은 어디로 이어지지? 그런 흥미가 생기면 바로 실제로 가봐야 직성이 풀립니다. 늘 껑충껑충 움직이기만 하니 부모로서는 '미아가 되지 않을까, 차에 치이지 않을까' 라고 걱정이 이만저만이 아닙니다.

하지만 그런 탐험을 좋아하는 성격이야말로 가장 남자다운 점일 수도 있습니다.

갈릴레오 갈릴레이도 그런 탐험을 좋아하는 그런 남자 아이였습니다. 수업이 없을 때는 적극적으로 탐험 놀이를 하는 등 활발하게 놀았습니다. 이러한 탐험을 좋아하는 성격이 훗날 천재 갈릴레오의 탄생으로 이어지게 된 것입니다. 그렇게 생각하면 아이가 탐험을 좋아하는 모습을 조금은 너그러운 눈으로 볼 수 있게 되지 않을까요.

탐험은 호기심의 발로다.

꾸짖지 않고 지적 호기심의 씨앗이

싹트고 있다고 생각한다.

> " 남과 다르게 하는 것을
> 좋아하는 것이
> 좋기는 하지만 …… "

페스탈로치의
성장법에서 배워봅시다

요한 하인리히 페스탈로치(Johann Heinrich Pestalozzi)
(1746~1827)

스위스 태생의 교육가. 루소의 영향을 받아 아동교육과 고아교육에 일생을 바쳤다. '모든 아이들에게 교육을 시키고 싶다'라는 생각 아래 감상록 《은자의 해질녘》, 교육소설 《린하르트와 게르트루트》 등을 저술하여 큰 호응을 얻는다. 1798년 새 정부에서 슈탄츠 고아원에 파견된 이후 1800년에는 부르크드르프에 학교를 열었고, 06년 학교내에 당시에는 아직 드물었던 여학교를 병설. 13년 스위스 최초 농아학교를 여는 등 만년에 이르기까지 자녀를 위한 교육의 장을 꾸준히 만들었다.

'튀는 사람'이었던 청년이
사회를 위해 살자고 결정한 이유

친구를 밀어제쳐 돋보이게 하는 등 유치원이나 초등학교에서 아이가 다른 아이와 다르게 행동한다면 여러분은 조금 걱정이 되겠지요?

그럼, 그런 아이는 왜 그런 행동을 하고 있는 것일까요? 초등학교 교육의 창시자 요한 하인리히 페스탈로치의 예를 들어 생각해 봅시다.

1746년 스위스 취리히에서 외과 의사의 아들로 태어난 하인리히. 하지만 그가 다섯 살 때 아버지가 병으로 돌아가셨습니다. 어머니 수잔나는 하인리히와 형, 여동생의 3남매를 여자 혼자서 키우게 된 것입니다.

아버지의 유산은 거의 없고, 어린 세 아이를 맡은 어머니는 가능한 한 절약하는 생활을 하기로 했습니다.

그러나 그녀는 아이들의 교육에만은 돈을 쓰겠다고 마음먹고 있었습니다. 아이들에게 학문을 배우게 하고 건강하게 기르는 것이 부모의 역할이라고 느꼈기 때문입니다.

또 아버지 사후에도 페스탈로치 집안의 가정부로 있던 바베리(본명 바바라 슈미트)의 존재도 그들에게는 든든해 보였습니다. 바베리는 초등학교도 나오지 않았지만, 머리가 너무 좋아서 바쁜 어머니를 대신해서 아이들을 돌보았습니다.

하지만 다섯 살이라는 어린 나이에 아버지를 잃은 영향은 하인리히의 마음에 적잖이 있었던 것 같습니다.

그 자신이 이렇게 당시의 심경을 되새기고 있습니다.

'나에게는 여섯 살 무렵부터 이 연령에서 남성적인 힘을 기르는 데 있어서 꼭 필요한 모든 것이 결여되어 있었습니다. (중략) 나는 이른바 "해마다 집안에 틀어박혀 있는 인간"이었습니다'(《페스탈로치(ペスタロッチ)》長尾十三二‧福田弘 清水書院) 여자에게서만 사는 법을 배우던 하인리히는 어떤 놀이에 있어서도 친구들 중에서는 서투를

수 밖에 없었지만, 그러면서도 '다른 사람보다 우위에 서고 싶다.'라는 반대 감정도 싹텄습니다. 하인리히의 성격형성에는 죽음이 영향을 미쳤다라고 생각할 수 있을 것 같습니다.

하인리히의 소년 시절을 이야기하면서 알려진 일화가 1755년 때의 일입니다.

사실 같은 해 11월 1일 포르투갈의 수도 리스본이 대지진에 휩쓸렸습니다. 지진해일(쓰나미)과 화재에 휩쓸린 리스본에서는 약 6만 명의 사망자를 내고, 마을 전체가 파괴되어버린 것입니다. 국내를 대혼란에 빠뜨린 리스본 대지진은 15세기 대항해시대로 시작되는 포르투갈의 황금기를 순식간에 잃어버리게 했습니다.

하인리히가 사는 스위스도 요동을 쳤습니다만, 이때 수업을 듣던 그가 본 것은 선생님들이 학생의 머리를 밟고 계단을 뛰어내려 도망치는 모습이었습니다.

평소에는 잘난 척 아이들을 교육시키는 선생님도 여차하면 가혹한 행위를 한다.

억울함을 느낀 하인리히는 일단 교정으로 피신했다가 무너질 듯한 학교 건물로 다시 돌아가 친구들의 가방과 모자, 옷, 교과서 등을 꺼내들고 나오는 '어리석은 행동'에 나섰습니다.

아홉 살의 하인리히는 이 행동으로 '바보 마을의 괴짜 하이리'라는 별명을 얻었지만, 어머니와 바베리에게서 배운 '동료를 잘 대해준다' '거짓말하지 않는다'는 약속을 지켰습니다. 다만 '남과는 다른 것을 하고 싶다'라고 하는 조금 색다른 동기는 숨겨져 있었지만……

양육에 활용하고 싶은  포인트

교육학의 고전적 존재, 전 세계에서 '교사 중의 교사'로서 존경받고 있는 사람이 요한 하인리히 페스탈로치입니다. '교사라면 페스탈로치를 지향하라.' 전 세계 모든 교사의 이상형으로 그려진 인물입니다.

그의 유소년기에는 어릴 때에 아버지를 잃은 영향이 크게 남아 있습니다. 남성의 영향을 받지 못해서인지 어딘가 허약했던 어린 시절의 페스탈로치는 은둔형 외톨이 같은 존재였습니다. 상냥하고 성실했지만, 어딘지 모르게 서투른 그. 내가 서투르다는 것을 알고 있기 때문에 어딘가 다른 사람보다 돋보이고 싶고 우위에 서고 싶다는 반대의 감정도 생겨났습니다.

그런 하인리히가 자신다움을 발휘한 것이 리스본을 덮친

대지진 때였습니다. 교사들은 쏜살같이 달아나고 하인리히 소년은 쓰러질 듯한 학교 건물 안으로 다시 들어가 친구들의 가방과 모자, 교과서 등을 꺼내들고 나왔습니다. 그 행동은 언뜻 위험한 것으로 보였지만, 실은 상냥함과 성실함으로 관철되어 있었습니다.

괴짜라도 좋아, 둔해도 좋아,
상냥함과 성실함을 잃지 않는 것이 중요

"

아들의 등교 거부를
어떻게 하면 좋을까?

"

융의
성장법에서 배워봅시다

칼 구스타프 융(Carl Gustav Jung)
(1875~1961)

스위스의 심리학자, 정신분석학자. 블로일러, 프로이트 등에게 배웠고, 특히 프로이트와는 그 정신분석에 공감하여 친밀하게 교류했다. 그러나 12년 발표한 《리비도의 변천과 상징》에 의해 프로이트와의 생각의 차이가 밝혀져, 13년에 결별. 그후 자신의 독자적인 분석적 심리학을 확립. '집합적 무의식' '원형' '자기'라고 불리는 독자적인 개념을 이용하여 인류의 마음의 심층을 계속 찾았다. 일찍부터 동양에 관심을 갖고 스즈키 다이세쓰(鈴木大拙)의 선(禪), 티베트 사자(死者)의 서(書) 등에 대해서 평가 해준 점에서 1980년대에 재평가되었다.

돌에 머리를 부딪혀 태어난
놀라운 '번뜩임'

아이가 초등학교나 중학교에 가고 싶어하지 않고, 학교에 가려고 하면 배가 아파진다⋯⋯여러분의 자녀들 중에는 이런 절실한 고민을 안고 있는 아이가 있을 지도 모릅니다.

스위스의 심리학자·정신분석학자 칼 구스타프 융도 실은 그런 소년기를 보낸 인물의 한 사람이었습니다. 융은 어떤 일을 계기로 등교하지 않았고, 그 상황을 극복해 나갔을까요? 그의 삶을 살펴보기로 합니다.

1875년 스위스 툴가우 주 케스빌에서 태어난 융. 아버지 폴은 목사였고, 어머니 에밀리의 아버지(융에게는 외할아버지)도 목사를 했습니다. 이것은 그의 집안에 많은 종교인들

이 있었다는 것을 의미합니다. 아버지는 자상하고 마음이 약했으며, 어머니는 그와는 반대로 정력적이고 행동적인 분이었습니다. 융은 자신의 저서 《융 자서전 기억 꿈 사상(ユング自伝 思い出·夢·思想)》(みすず書房)에서 어머니에 대해 이렇게 말하고 있습니다.

"우리 어머니는 내게는 너무 좋은 어머니였다. 어머니는 넉넉하고, 동물적인 따뜻함을 지니고 있었으며, 요리를 잘했으며, 사귐성이 좋고 쾌활했다. 어머니는 살이 좀 쪘고, 남의 이야기를 잘 들었다. 어머니는 또 말하기를 좋아하기도 했지만, 그 말투는 샘이 콸콸 쏟듯 요란한 소리를 내는 것과 비슷했다."

어린 시절의 그는 어느 쪽인가 하면 내성적이었고, 혼자 있는 것을 좋아하는 성격이었습니다. 혼자서 이런저런 생각을 하다가 생각해 낸 것이 아홉 살 때의 일. 자기가 좋아하는 장소인 돌 위에 앉아 있던 그는 '돌이 "나"를 주장하기 시작하면 어떻게 될까?'라고 생각했습니다.

즉 '나는 "돌 위에 앉아 있는 사람"인가, 내가 돌이고 그 위에 "그"가 앉아 있는 것인가'를 모르게 된다는 상상입니다. 고대 중국의 사상가 장자가 꿈속에서 나비가 되어, 자신이 나비인지, 나비가 자기인지 구별을 할 수 없게 되었다는 '나비의 꿈'의 이야기와도 비슷하지만, 외로움에 빠져드는 것이 어렸을 적의 융의 성격이었다고 할 수 있습니다.

　12세 때 융의 몸에 일어난 어떤 사건도 그의 소년시절을 대표하는 일화 중 하나입니다. 1887년 어느 여름날 융은 친구를 기다리기 위해 대성당 광장에 서 있었습니다. 그때 갑자기 다른 친구가 융을 쿡 찔렀는데, 허를 찔려 쓰러진 그는 돌에 머리를 세게 부딪혔습니다. 그 충격은 의식을 잃을 정도였지만, 문득 융의 머리에서 다음과 같은 생각이 떠올랐습니다.

　'이제 넌 학교 안 가도 돼'

　이후 융은 학교에 다니는 도중 발작을 일으켜 의식을 잃어 버립니다.

　부모는 아들의 '병'을 걱정해서 의사에게 진찰을 받고 다니지만, 무슨 병인지 모릅니다. 요즘 말로 등교거부가 된 융은 로켓트와 비행기 사진을 모아 집 벽에 붙이고, 집에 틀어박혀 만화를 그리며 나날을 보냈습니다. 그의 집안에서의 생활은 대략 1년 정도 계속된 것 같습니다.

　그런 그의 집안에서의 생활이 끝나게 된 계기는 아버지와 그 친구가 나누던 대화를 우연히 듣게 된 것이었습니다.

'나는 있을까 말까 하는 것을 다 잃어버렸다.'라고 아버지가 말씀하셔서, 자신의 병 때문에 우리집의 돈을 많이 쓰고 있었다는 것을 알게 되었고, 융은, 그후 학교에 다니려고 하면 일어나는 발작에 맞서 극복하여, 무사히 학교에 돌아갈 수 있었습니다. 융은 당시 기억을 떠올리며 1942년 강연에서 이렇게 말했습니다.

"큰 재능이란 인류라는 나무의 가장 훌륭한 열매이기도 하고, 종종 가장 위험한 열매이기도 합니다. 이 열매는 아주 가는 가지로 되어 있어서 이 가지는 쉽게 부러질 수 있습니다."

사춘기는 누구나 거치는 것이지만, 이 말에는 그 중요함과 약함이 표현되어 있습니다.

▶ 클라크 대학교에서 촬영된 사진 한 장. 앞줄 왼쪽 끝이 지그문트 프로이트이고, 앞줄 오른쪽 끝이 칼 구스타프 융.

학교나 유치원에 가고 싶어하지 않는 아이가 적지 않습니다. '친구들과 어울려 놀고 싶어 하지 않는데, 나중에 우리 아이도 등교거부를 하면 어쩌지? 그런 걱정을 하는 부모님도 계실 것입니다.

나는 교육상담사로서 등교 거부하는 많은 아이들을 봐왔습니다. 그래서 느끼고 있는 것 중 하나는 등교 거부하는 아이들의 대부분이 매우 창의적이라는 것입니다. 다른 아이들이 학교에 다니는 동안 등교하지 않는 아이는 자기자신과 대화하고 창의력을 발휘하며 이야기를 담아내기도 합니다. 아이가 혼자 있는 시간이야말로 사실은 창의성이 길러지고 있는 것입니다.

심리학자 칼 구스타프 융도 그런 아이였습니다. 12세 때

돌에 머리를 세게 부딪힌 그는 이 일을 계기로 등교하지 않게 됐습니다. 학교 가는 것을 거부하고 내 안의 세상에 깊이 몰두하면서 그의 세계관을 키워갔던 것입니다.

비록 학교에 가지 않아도,
아이의 내면은 길러지고 있다.

부모로서 신경이 쓰인다 ······

"

적극적으로 도와준다.
이대로만 자라준다면 ······

"

마더 테레사의
성장법에서 배워봅시다

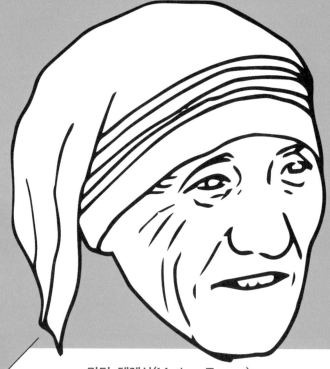

마더 테레사(Mother Teresa)
(1910~1997)

오스만 제국령 코소보주 출생. 18세 때 수녀회에 들어가 인도로 건너간다. 캘커타(현재의 콜커타)에서 교사로 일한 후에, 인도의 빈곤층의 사람들을 구하는 활동을 시작해 50년 '하나님의 사랑의 선교회'를 창설했다. 그후 그녀의 활동은 인도뿐 아니라, 전 세계로 퍼져나가 요한 23세 교황평화상, 알버트 슈바이처 국제상, 노벨평화상 등 수많은 영예를 안았다. 사후인 2003년, 가톨릭 복자(성인 다음가는 자리)에 올랐다.

어려서 아버지를 잃어도,
화목한 가정에서 자란다

　요리 등을 하다 보면 '내가 도와줄게!' 하면서 엄마 흉내를 내는 아이가 있습니다. 이것은 매우 기쁜 자세로 어린 시절에 사람에게 도움이 되는 기쁨을 맛보는 것은 성장하고도 마음에 남아 있습니다.

　여기서는 어릴 때 어머니를 도와 드린 것이 이후의 삶에 크게 발휘된 테레사의 예를 살펴보기로 합시다.

　1910년 아그네스 곤자 보야지우는 동유럽에 있는 아름다운 도시 스코페(현재의 마케도니아 수도)에서 태어났습니다.

　아버지 니콜라는 이탈리아 친구들과 건설회사를 운영하였으며, 생명력이 넘쳤고 정치활동에도 깊이 관여했습니다.

어머니 드라나는 예의범절에 엄격하면서도 차분한 성격으로 매우 배려심이 많은 여자였습니다.

아그네스는 세 살 위인 언니와 한 살 위인 오빠에게 둘러싸여 행복하게 살다가 아홉 살 때 아버지가 갑자기 아프다가 그대로 돌아가시게 됩니다. 어머니는 아이 셋을 혼자서 키워나가야 했고, 자수제품과 옷가지를 팔며 가계를 꾸려나갔습니다.

아그네스는 의지를 가지고 가족을 부양하고 있는 어머니를 보며 어려움에 맞서는 힘을 배워갔습니다.

또한 어머니 드라나는 일주일에 한 번씩 불우한 사람, 환자, 가난에 허덕이는 사람들을 찾아가 식사 돌보기와 간병을 도와주는 봉사활동을 했는데, 아그네스도 그녀와 동행하여 도움을 줬다고 합니다.

어머니가 아그네스에게 늘 타이르는 건 '좋은 일을 할 때는 바다에 돌 하나 던지듯 살며시 하라'는 것이었습니다. 봉사활동을 하는 것을 남에게 드러내놓고 자랑하지 말고 숙연하게 하라는 뜻입니다. 아그네스는 가난한 사람에게 베풀어 주는 첫걸음을 어머니에게 배웠다고 할 수 있습니다.

그리고 12세 때 아그네스는 학교 도서관에서 책 한 권과 운명적으로 만나게 됩니다. 《성프란치스코 이야기》 라는 책이었습니다. 이탈리아의 아시시라는 마을에서 태어난 프란치스코가 병사로 전장에 나갔다가 병으로 귀환한 후 예수 그리스도의 목소리를 들었다는 이야기입니다.

예수님의 목소리는 꿈속에서 들은 것이었지만, 프란치스코는 '너는 아시시에서 사람들을 구하라'는 말을 도저히 잊을 수가 없어 자신의 삶을 사람들을 구제하는 데 쓰기로 했습니다. 책을 읽은 것을 계기로, 자신의 장래를 생각하게 된 아그네스는, 14세가 될 때까지는 가까운 장래 선교사가 되어 인도에 가고 싶다는 희망을 가슴에 품게 되었습니다. 그녀가 인도에 관심을 가진 것은 다니던 교회의 신부가 인도로 선교 여행을 떠나게 되었기 때문입니다.

신부님으로부터 인도에는 가난한 사람들이 많이 있다는 말을 듣게 된 아그네스는 자기도 어떤 도움을 줄 수 있겠다는 생각을 했습니다. 아그네스 곤자가 테레사로 거듭나는 순간은 여기에 있었다고 할 수 있습니다.

1979년 12월 테레사는 노벨평화상을 수상했지만, 상금 19만 달러는 굶주리는 사람들을 위한 식비와 집 건설 비용으로, 수상 만찬회는 중지하고, 그 비용만큼을 가난한 사람들

의 식비로 충당해 달라고 건의했습니다. 그녀의 삶을 잘 알
수 있는 일화입니다.

아이를 훌륭한 어른으로 기르는데 있어서, 가장 중요한 것은 무엇일까요? 그 하나로 아이에게 있어서 '생활 방식의 모델'이 되는 어른과 만나는 것을 들 수 있습니다. 자녀에게 있어서 가장 중요한 '생활 방식의 모델'은 부모입니다. 마더 테레사에게 어머니는 바로 그런 삶의 본보기였습니다.

어머니는 일주일에 한 번씩 기댈 곳이 없는 사람, 환자, 가난한 사람 등을 찾아가 식사 시중을 들고, 병간호를 하는 봉사활동을 했습니다. 어린 시절 그녀는 어머니의 그런 활동에 동행하며 도움을 주었습니다. 그때 어머니가 그녀에게 한 말씀이 얼마나 숭고한 일입니까? 봉사활동을 하는 것을 자랑하지 말고 은밀하게 해야 한다는 인간의 존엄성에 대해 어머니는 설명했을 것입니다.

또 한 사람의 '삶의 모델'은 교회 신부였습니다. 그녀가 인도로 선교 여행을 떠나는 것을 계기로 이 나라에는 가난한 사람이 많이 존재한다는 것을 알게 된 그녀는 나도 어떤 도움이 될 수 있을 것이라는 확신을 얻게 된 것입니다.

'삶의 모델'이 되는 어른과 만나는 것.
그것이 아이의 인생을 운명짓는다.

> "
> 정말 좋아하는 만화에
> 빠져 있는 우리 아이.
> 이대로 괜찮을까?
> "

데즈카 오사무의

성장법에서 배워봅시다

데즈카 오사무(手塚治虫)
(1928~1989)

오사카 태생의 만화가. 본명은 데즈카 오사무(手塚治). 1946년 《소국민 신문(매일초등학생신문)》의 4컷 만화 《마아짱(マアチャン)의 일기 장》으로 데뷔. 이듬해 47년, 19세 때 장편만화 《신보물섬》이 베스트 셀러가 된 후 51년부터 《철완 아톰》, 《정글 대제》, 《리본의 기사》 등 걸작을 잇달아 연재. 후에 《철완 아톰》은 일본 최초의 TV 애니메이 션, 《정글 대제》는 일본 최초의 컬러 TV 애니메이션으로 방영되었다. 89년 위암으로 사망(향년 60세). 그 외 《불의 새》 《블랙 잭》 등 작품 다수.

오사무 소년이 왕따의 대상에서
빠져나오기 위해 사용한 것

.

만화를 읽는 것은 글을 외우거나 하는데 도움이 된다고 합니다만, 아이가 만화만 읽고 있는 것을 보면 역시 조금 걱정이 되겠지요?

그럼 만화나 애니메이션의 세계에서 신과 같은 존재인 데즈카 오사무의 경우는 어떨까요?

그의 어린 시절을 살펴보면 만화를 친구들과의 '도구'로 사용했다는 것을 알 수 있습니다.

그럼 오사무 소년은 만화를 어떻게 사용하고 있었을까요? 그때의 모습을 살펴봅시다.

1928년 데즈카 오사무는 오사카부 도요노군(豊能郡) 도요

노무라(豊野村)(현재의 도요나카시(豊中市))에서 태어났습니다. 오사무는 장남으로 두 살 아래인 동생 히로시, 네 살 아래인 여동생 미나코가 있었습니다.

아버지 유타카(粲)은 회사에 다니면서 전위적인 사진을 찍는 사진가로도 알려졌습니다. 만화를 무척 좋아하기도 해서 나중에 아내가 될 후미코(文子)에게 만화를 그린 러브레터를 써서 보낼 정도였다고 합니다.

아버지는 자식들에게 용돈을 주지 않았지만, 새 만화책이 나오자 적극적으로 사줬다고 합니다. 당시는 아직 드물었던 가정용 무비카메라나 영사기를 구입하여, 아들들의 모습을 촬영. 미키 마우스와 채플린의 영화를 집에서 보여준 적도 있었다고 하니, 오사무가 장래 나아갈 길이 이미 아버지에 의해 깔려 있었다고 할 수 있습니다.

한편 어머니 후미코도 아버지 못지않게 표현의 세계를 무척 좋아했다고 합니다. 그녀가 가장 좋아했던 것은 다카라즈카(宝塚) 소녀가극. 오사무가 다섯 살 때, 가족은 도요나카(豊中)에서 다카라즈카시로 이사하게 되었는데, 다카라즈카의 데즈카 집 왼쪽 옆에는 다카라즈카 가극단의 대스타 아마쓰 오토메(天津乙女)가 살고 있었습니다. 데즈카 가족과 다카라즈카에 다니는 젊은 학생들의 교류는 활발했

고, 어린 시절의 오사무는 그녀들에게 귀여움을 받았다고
합니다.

훗날 위대한 만화가 데즈카 오사무의 작풍의 원점에는 다
카라즈카에 세워진 인공적인 근대도시와 다카라즈카 가극단
의 화려함이 있었다고 볼 수 있습니다.

더욱이 후미코는 화가인 오카모토 다로(岡本太郎)(아버
지는 만화가 오카모토 잇페이(岡本一平))와 소꿉 친구였습
니다. 어머니도 아버지와 마찬가지로 만화에 대한 이해를
갖고 있었습니다.

아침에 일어나 머리맡에서 종이와 연필을 찾지 못하면 기
분이 나빠졌다고 전해질 정도로 어렸을 때부터 그림 그리기
를 좋아했다는 오사무 소년은 일본 만화가의 초창기 중 한
사람, 다가와 수이호(田河水泡)의 《소형 대장》으로 만화에
푹 빠져, 잡지 <소년구락부>에 연재된 《노라쿠로》도 좋아하
게 되었습니다. 초등학교 2학년 때는 미키 마우스를 만나 이
른바 애니메이션도 알게 되어, 한층 더 만화의 세계에 빠져
들게 됩니다.

오사무 소년에게 일상이 되지 않으면 안되는 것이었지만,

소년시절 그는 만화에 의해 도움을 받은 적이 있었다고 합니다.

머리카락이 부스스하고 안경을 썼다고 해서 '가자보이(곱슬머리 소년)'라는 별명을 얻었다는 오사무 소년은 골목대장과 그 추종자들로부터 괴롭힘을 당하는 일도 적지 않았던 것 같습니다. 그래서 '어떻게 하면, 왕따로부터 벗어날 수 있을까?'라고 생각한 그는 '왕따를 시키는 자들도 만화를 좋아하겠지!'라고 생각합니다. 그리고 자신이 많이 소유하고 있는 만화를 모두에게 보여줌으로써 그들과의 울타리를 없애려고 했다고 합니다.

당시 만화를 직접 갖고 있는 것은 드문 일로, 오사무 소년은 곧바로 골목대장과 친해졌다고 합니다. 덕분에 그는 만화라는 도구로 자신을 왕따의 대상에서 제외시키는 데 성공한 것입니다.

양육에 활용하고 싶은  포인트

자녀가 만화책 보는 것을 좋아하지 않는 부모도 있을 수 있습니다. 하지만 만화가 다양한 세상을 향한 하나의 창이 될 수 있다는 것은 마음 한구석에 꼭 유념해야 합니다. 만화를 읽지 못하게 하면 그 기회를 빼앗을 수 있는 것이지요. 데즈카 오사무는 일본 만화계의 신과 같은 존재입니다. 그리고 그 만화를 좋아하는 성격은 아버지가 만화를 좋아하는 것에 영향을 받은 부분이 컸던 것 같습니다.

오사무 소년에게 만화는 매우 중요한 의미가 있습니다. 그 풍모에서 왕따를 당했다는 어린 시절의 그는 자신이 갖고 있던 만화를 보여줌으로써 짓궂은 아이들과 친해져서 왕따를 벗어나는 데 성공했습니다.

아이의 세계에서는 무엇인가 하나라도 '이것만은 누구에

게도 지지 않는다'라고 하는 것을 가지고 있으면, 한 수 위로 여깁니다. 그런 아이들은 자연스럽게 존경을 받아 왕따를 당하지 않게 됩니다. 어린 시절의 데즈카 오사무에게 만화야말로 그 '무기'였다고 생각할 수 있습니다.

'아주 좋아하는 것'을 하나, 아이에게 갖게 한다.
그것이 아이 마음의 버팀목이 되기도 한다.

부모로서 신경이 쓰인다 ……

"

일이 바빠서 아이와 놀아
줄 시간이 좀처럼 없다

"

나쓰메 소세키의

성장법에서 배워봅시다

나쓰메 소세키(夏目漱石)
(1867~1916)

에도(후의 도쿄) 태생의 소설가. 본명은 나쓰메 긴노스케(夏目金之助). 영국 유학 후 도쿄제국대학 영문과 최초의 일본인 강사가 된다. 1905년 1월 '호토토기스'에 《나는 고양이로소이다》를 발표, 이어서 이 잡지에 연재했다(다음해 8월에 완결). 이것이 평판을 얻어 이 잡지에 《도련님》(1906년 4월)을, 같은 해 9월에는 〈신소설〉에 《풀베개》를 발표했다. 1907년 3월 40세에 아사히신문사에 입사하기로 결심하고, 전속 작가가 된다. 《몽십야》 《산시로》 《문》 등을 계속해서 연재하여 부동의 인기를 누렸다.

부모의 사랑을 모르고 자란 소세키
그 회복 방법이란?

　방임주의 부모의 자녀들이 비행을 저지를 수 있다는 것은 자주 듣는 이야기입니다. '자식이 하고 싶은 대로 맡기는 것 같으면서도, 사실은 거기에 부모의 사랑은 개입돼 있지 않은 거나 다름없었습니다.'

　부모로부터의 애정이 부족하면 어떤 아이로 자라는가? 비행을 저지른 예가 아니고, 거기서 재기를 보인 국민적 작가 나쓰메 소세키의 예를 여기서 살펴봅시다.

　나쓰메 소세키라고 하면 《나는 고양이로소이다》 《도련님》 《풀베개》 《유리문 안에서》 《몽십야》 《나의 개인주의》 등, 양적으로는 적지만, 100년 이상이나 계속 읽어 내려온 걸작을 저술한 문호로서 널리 알려져 있습니다.

하지만 그의 출생 이후 어린 시절을 되돌아보면 사실 부모의 사랑에 굶주려 있었음을 알 수 있습니다.

나쓰메 긴노스케(나중에 소세키)는 1867년 2월 9일, 에도 우시고메 바바시타(江戸牛込馬場下)(현재의 도쿄도(東京都) 신주쿠구(新宿区) 기쿠이마치(喜久井町))에서 태어났습니다. 아버지 나쓰메 고베에 나오카쓰(夏目小兵衛直克)는 촌장이라는 권력자. 여덟째 아이로 아버지 고헤에 51세, 어머니 치에(千枝) 42세 때의 아들로 만나, 양자로 보내집니다.

반년 내지 1년 후, 양자로 보내진 곳인 중고품점에서 매몰차게 대해 생가로 다시 돌아온 긴노스케였지만, 다시 양자로 신주쿠의 촌장 시오바라 쇼노스케(塩原昌之助)에게 보내지고 맙니다. 어린 시절의 긴노스케는 있을 자리가 어디에도 없는 '외지 사람'이었습니다.

더욱이 쇼노스케가 애인을 만들어 아내와 이혼하게 되자, 긴노스케는 다시 본가로 돌아옵니다. 본가에는 그때까지 조부모라고 가르쳐 준 친부와 친모가 기다리고 있었습니다.

지금까지 조부모라고 가르쳐 준 사람도 친부모라고 가르쳐 준 사람도 본가에서 고용된 하녀였습니다. 긴노스케는 당시 일에 대해 이렇게 기록하고 있습니다.

'나는 그때 그냥 아무한테도 말하지 않을 것이라고 했지

만 속으로는 무척 기뻤다. 그리고 그 기쁨은 사실을 가르쳐 주었기 때문에 생기는 기쁨이 아니라, 단지 하녀가 나에게 친절히 대해주었기 때문에 오는 기쁨이었다.'(《유리문 안에서(硝子戸の中)》)

긴노스케의 이 말에서는 세간에 대한 싸늘한 감정을 읽을 수 있습니다. 자기 위에는 많은 형님이 있었지만, 누나들은 어머니가 다르고, 형들은 나이 차이가 납니다. 나에게 가장 가까운 사람이 되어줄 사람은 본가 안에는 아무도 없었습니다. 다만 유일하게 어머니만은 긴노스케를 따뜻하게 지켜봐주고 있었던지, 훗날까지 그는 어머니의 다정함을 머릿속에 새기고 있었습니다.

그 어머니는 1881년 55세의 나이로 사망하였습니다. 킨노스케가 14세 때의 일이었습니다.

그럼 그후 소세키는 길을 잃은 인생을 살았는가 하면, 그렇지는 않습니다. 소세키가 문학으로 가는 길의 동행자가 된 것은 도쿄대학 예비문예과(予備門予科)에 입학한 이후에 만난 친구이자, 친부였습니다. 아버지는 아들 긴노스케가 집에 돌아온 것은 환영하지 않았지만, 학문을 닦는 데드는 비용은 흔쾌히 내준 듯합니다.

당시 예비문의 학생들은 지금으로 치면 17, 18세의 청년. 결코 어른이라고 할 수 없는 건방질 나이입니다. 하지만 그런 거친 친구들과 어울리다 보니 마음이 누그러지고 공부에도 집중하게 된 것이지요. 다만 줄곧 수석으로 통하던 긴노스케가 2학년으로 올라갈 때 낙제한 것도 그에게 큰 충격을 준 것 같았습니다.

'만약 낙제하지 않고 그저 속이기만 했다면 지금쯤 어떤 사람이 됐을지 모른다고 생각한다.'(《낙제(落第)》)라고 소세키는 나중에 뒤돌아보았습니다. 그런 솔직한 성격으로 추스르고 재기할 무렵에 친구인 요네야마 야스사부로(米山保三朗)의 권유에 따라 문학의 길에 뜻을 두게 되어, 긴노스케와 요네야마와 예비문에서 같이 공부하고 있던 마사오카 시키(正岡子規)(본명 쓰네키(常規))와는 친한 친구라고 부를 수 있는 교제를 하게 됩니다.

▶ 나쓰메 소세키(夏目漱石). 소세키의
묘는 도쿄(東京)의 조시가야
공동묘지(雜司ヶ谷靈園)에 있고,
팔걸이가 있는 의자 모양을 하고 있다.

문호 나쓰메 소세키는 부모로부터 그다지 도움을 받지 못한 어린 시절을 보냈습니다. 고독해 보이는 소세키의 어린 시절, 그를 구한 것은 동료들이었습니다. 감수성이 예민한 17, 18세 때 말쑥하지 않은 친구들과 어울려 다니면서 마음을 달랬습니다. 젊은 시절 그의 마음을 받쳐주었던 것은 친구였던 것입니다.

부모로부터의 애정에 굶주렸던 소세키의 경우, 친구와의 교류로 그 외로움을 달래고 있었습니다만, 아이에게 있어서 부모와 즐겁게 보내는 시간은 매우 소중합니다. 부모님 중에는 일이 바빠서 아이들과 놀 시간이 적은 분도 계실 것이라고 생각합니다. 가족의 생활을 걸고 필사적으로 일하고 있기 때문에 아이와 보내는 시간이 좀처럼 없다. 그런 분도 있을 것입니다. 또 지금은 여성도 일을 열심히 해야 하는 것이 당연한 시대. 어머니들도 아이와 놀 시간을 별로 갖지 못하는 경우도 많을 것입니다.

그럴 때 교육상담사인 저는 '하루 30분이라도 좋으니까 아이와 단둘만 있는 시간을 만들어 주세요'라고 부모님께 부탁드릴 때가 자주 있습니다.

하루 30분이면 돼. 아이와 단둘이 있고,
같이 재밌게 보내는 시간을 갖는다

"

장남이기 때문에
엄하게 키우다

"

사이고 다카모리의
성장법에서 배워봅시다

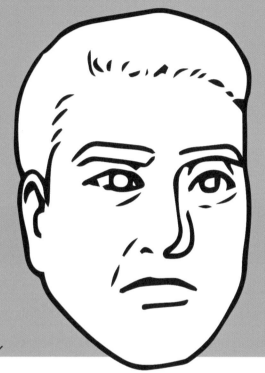

사이고 타카모리(西郷隆盛)
(1827~1877)

에도막부 말기·메이지 유신기의 정치가·군인. 통칭은 요시노스케(吉之助), 호는 미나미스(南洲). 사쓰마번(薩摩藩)의 하급 무사 출신이면서도 번주 시마즈 나리아키라(島津済彬)의 인정을 받아 번정에 참여한다. 1867년 12월 왕정복고에 중요한 역할을 하였으며, 신정부에 참여했다. 71년 참의(参議) 필두가 되어 폐번치현(廃藩置県)에 진력하였으나, 2년 후 정한론에 관한 정변으로 하야. 가고시마(鹿児島)에서 사립학교를 열고, 많은 젊은이에게 심취되었다. 77년 세이난(西南)전쟁에서 패해 시로야마(城山)에서 자살했다. 세이난전쟁은 일본에서의 마지막 내전이다.

'지지 마'라는 강한 메시지를
아들에게 계속 보낸 어머니

장남이나 장녀는 부모로부터 '너는 형(언니)이니까, 정신 차려!' 등으로 타일르거나 꾸중을 듣거나 하는 일이 많이 있을 것입니다. 여러분도 위의 아이에게는 그런 식으로 강하게 말을 걸 수도 있지 않을까요?

조슈번(長州潘)의 기도 다카요시(木戸孝允), 사쓰마번(薩摩潘)의 오쿠보 도시미치(大久保利通)와 함께 '유신(維新)의 3걸' 중 한 사람으로 꼽히는 같은 사쓰마번의 사이고 다카모리(西郷高盛). 현지 가고시마에서는 사쓰나가(薩長) 동맹, 에도성(江戸城) 무혈입성, 폐번치현 등에 공이 있던 다카모리가 경의와 친애의 의미를 담아 '세고돈(西郷どん:

사이고 님이라는 뜻의 사쓰마 사투리)으로 불리며 사랑받고 있습니다.

다카모리를 말할 때에 빠뜨릴 수 없는 것이 어머니 마사(滿佐)의 존재입니다. 사이고 가문은 아버지 기치베에(吉兵衛)가 사쓰마번의 신분이 아래에서 두 번째인 오코쇼구미(御小姓組). 게다가 생활고 때문에 번에서 주는 부지를 받을 수 있는 권리를 이미 팔아버린 적도 있어서 가난하기 짝이 없는 생활이었습니다. 아래로 세 명의 남동생과 세 명의 여동생을 두고 있던 다카모리는 가계를 지탱하기 위해 우산대를 만드는 부업을 도왔다고 전해집니다.

소년 시절의 다카모리는 남보다 갑절의 감수성이 풍부하고, 응석받이였던 것 같습니다. 사쓰마에서는 희로애락이라는 감정을 잘 드러내지 않는 것이 미덕이었지만, 그런 시대에도 다카모리는 기쁠 때는 파안대소하고, 슬플 때는 목놓아 울었다고 합니다.

13세 무렵, 사쓰마의 전통 행사인 '묘엔지(妙円寺) 참배' 때 이웃 친구가 싸움을 걸어와서 상대를 내동댕이치는 일이 있었습니다. 그러자 이듬해 상대는 번교(번의 학교)에서 돌아오는 다카모리를 매복하여 칼집을 댄 채 칼로 팔을 내리쳤습니다. 다행히 팔이 떨어져 나가지는 않았지만, 그때 다카모리의 팔의 힘줄이 끊어져 버렸습니다. 다카모리가 검술의 길을 포기한 것은 이 사건이 원인이라고도 합니다.

이 사건 후 집에 도착한 다카모리는 대성통곡을 합니다. 아들의 귀가가 늦어질 것을 걱정한 어머니의 모습을 본 다카모리는 '어머니에게 큰 불효를 했다'는 생각에 안타까워 눈물을 흘렸다고 합니다. 감정을 숨기지 못하는 다카모리다운 일화라고 할 수 있습니다.

이 사건에서 알 수 있듯이 다카모리와 어머니 마사와의 교류는 친밀했습니다. 마사가 다카모리에게 건넨 말에 "가난은 부끄러움이 아니다. 가난에 지는 것이 수치인 것이다"가 있습니다. 이것은 사쓰마번 특유의 자제제도인 향중제도(같은 학군 내의 연장자가 연소자를 교육 지도하는 제도)에서 가르칠 수 있는 3가지 훈계에 근거한 것.

'3개의 훈계'란 '지지 마라' '거짓말하지 마라' '약한 자 괴롭히지 마라'라고 하는 것으로, 어머니의 가르침도 이것에 근거하고 있는 것은 확실합니다. 게다가 내일 먹기도 어려운 가정환경에서 미소를 잃지 않는 가정을 유지할 수 있었던 요인 중 하나는 틀림없이 어머니 덕분이라고 할 수 있습니다. 7남매 중 장남인 다카모리는 어머니의 지극한 사랑으로 사리사욕으로 움직이는 사람이 되지 않았다고 할 수 있습니다.

또한 '정직하면 바보가 된다'는 말까지 들었던 아버지 기치베에의 성격도 아들 다카모리에게 확실하게 계승되었습니다.

1852년 25세의 다카모리는 조부 류에몬(龍右衛門)이 사망한 데 이어, 9월에는 아버지 기치베에, 11월에는 어머니 마사를 잃습니다. 다카모리는 이 해에 대해 '내 일생 중 가장 슬펐던 것은 이 해였다'고 추억한 것으로 전해집니다.

다카모리에게 부모의 존재는 자신을 형성하는 데 필수적인 존재였음을 알 수 있습니다.

▶ 사이고 다카모리. 그의 진짜 얼굴은 아직 판명되지 않았으며, 현재도 새로운 초상이 발견·보고되고 있다.

사이고 다카모리의 어린 시절은 경제적으로 매우 가난한 상황에 있었습니다. 가계를 지탱하기 위해 우산대를 만드는 부업을 도왔다고 합니다. 그런 사이고 가문의 큰 특징은 어머니와 아이 사이의 '풍부한 감정 교류'였습니다. 어린 시절 쾌활했던 다카모리 소년은 친구가 싸움을 걸어오기도 했던 것 같습니다. 싸움에서 역습을 당한 그가 집에 도착했을 때, 늦게 귀가할 것을 걱정하며 가만히 기다려주던 어머니의 모습을 보자마자 그는 통곡합니다. 거기에는 한편으로 아이를 생각하는 어머니의 따뜻한 마음이 있고, 또 한편으로 어머니의 따뜻한 마음에 의지해 자신의 감정을 드러내는 아이가 있다고 하는 아이와 부모 사이의 따뜻한 감정 교류를 볼 수 있습니다.

부모와 아이의 마음과 마음의 접촉, 기분과 기분의 따뜻한 연결이 아이의 마음이 곧게 자라나는 기반이 됩니다. 내일 먹을 것도 없이 궁핍한 나날 속에서 그래도 웃는 얼굴이 끊어지지 않는 밝은 가정을 유지해 온 사이고 다카모리의 어머니에게 나는 '일본 어머니의 원점'을 보는 듯한 생각이 듭니다.

　　부모와 자식의 풍부한 '감정 교류'가 양육의 근원. 그 만남 속에서 아이는 자라난다

참고문헌

《스티브 잡스(スティーブ・ジョブズ I)》 ウォルター・アイ
　　ザックソン著 井口耕二訳 講談社

《사카모토 료마(坂本龍馬)》 飛鳥井雅道 講談社

《레오나르도 다 빈치 예술과 생애(レオナルド・ダ・ヴィン
　　チ芸術と生涯)》 田中英道 講談社

《월트 디즈니 전기 미키마우스, 디즈니랜드를 만든 남자
　　(ウォルト・ディズニー伝記　ミッキーマウス、ディ
　　ズニーランドを創った男)》 ビル・スコロン著　岡田
　　好惠訳 講談社

《디즈니(ディズニー)》 三浦清史 講談社

《라이트 형제(ライト兄弟)》 富塚清 講談社

《생텍쥐페리(サン＝テグジュペリ)》 横山三四郎 講談社

《슐리만(シュリーマン)》佐藤一美 講談社

《프로이트(フロイト)》アンソニー・ストー著 鈴木晶訳 講
　　談社

《아인슈타인과 상대성 이론(アインシュタインと相対性理
　　論)》D·J·レイン著 岡部哲治訳 玉川大学出版部

《도사의 부인들(土佐の婦人たち)》関みな子 高知新聞社

《천재를 낳은 고독한 소년기 다빈치에서 잡스까지(天才を
　　生んだ孤独な少年期ダ·ヴィンチからジョブズま
　　で)》熊谷高幸 新曜社

《그 위인들을 키운 어린 시절의 습관(あの偉人たちを育て
　　た子供時代の習慣)》木原武一 ＰＨＰ研究所

《6천 명의 생명을 구하라! 외교관 스기하라 지우네(六千
　　人の命を救え！外交官·杉原千畝)》白石仁章 Ｐ Ｈ
　　Ｐ研究所

《천재·위인의 부모들에게 배우는 우리 아이의 의지를 끌
　　어내는 양육 방법(天才·偉人の親たちに学ぶ わが子
　　のやる気を引き出す育て方)》松枝史明 主婦の友社

《에디슨의 말 번뜩이는 제조법(エジソンの言葉 ヒラメキ
　　のつくりかた)》浜田和幸 大和書房

《에디슨 20세기를 발명한 남자(エジソン 二十世紀を発明

した 男)》 ニール・ボールドウィン著 椿正晴訳 三田
　　出版会
《위인을 키운 어머니의 말(偉人を育てた母の言葉)》 大坪
　　信之 致知出版社
《사이고 다카모리(西郷隆盛)》 田中惣五郎 吉川弘文館
《후쿠자와 유키치(福沢諭吉)》 会田倉吉 吉川弘文館
《세고돈과 사쓰마번 이야기(西郷どんと薩摩藩物語)》 産
　　業編集センター 創元社
《피카소 천재와 그 세기(ピカソ 天才とその世紀)》 マリ
　　＝ロール・ベルナダックポール・デュ・ブーシェ著 高
　　階秀爾監修 高階絵里加訳 創元社
《고흐 타오르는 색채(ゴッホ燃え上がる色彩)》 パスカル・
　　ボナフー著 嘉門安雄監修 高橋啓訳 創元社
《모차르트 신에게 사랑받은 사람(モーツァルト 神に愛さ
　　れしもの)》 ミシェル・パルティ著 海老沢敏監修高
　　野優訳 創元社
《슐리만 황금 발굴의 꿈(シュリーマン 黄金発掘の夢)》
　　エルヴェ・デュシエーヌ著 青柳正規監修 福田ゆき
　　藤丘樹実訳 創元社
《고흐(ゴッホ)》 ウィルヘルム・ウーデ著 坂上桂子訳 西村

書店

《호킹, 스스로를 말하다(ホーキング、自らを語る)》 スティー
ヴン・ホーキング あすなろ書房

《3분이면 알 수 있는 호킹(３分でわかるホーキング)》
ポール・パーソンズゲイル・ディクソン　　エクスナ
レッジ

《후쿠자와 유키치(福沢諭吉)》 鹿野政直 清水書院

《페스탈로치(ペスタロッチ)》 長尾十三二　福田弘　清水
書院

《마리 퀴리 프라스코 속의 어둠과 빛(マリー・キュリー フ
ラスコの中の闇と光)》 バーバラ・ゴールドスミス著
小川真理子監修 竹内喜訳 ＷＡＶＥ出版

《나이팅게일(ナイチンゲール)》 パム・ブラウン著　茅野美
ど里訳 偕成社

《채플린(チャップリン)》 パム・ブラウン著　橘高弓枝訳 偕
成社

《갈릴레오 갈릴레이(ガリレオ・ガリレイ)》 マイケル・ホワ
イト著 日暮雅通訳 偕成社

《나쓰메 소세키(夏目漱石)》 三田村信行 偕成社

《안데르센 꿈을 찾아낸 시인(アンデルセン 夢をさがしあ

てた詩人)》ルーマ·ゴッデン著 山崎時彦 中川昭栄
訳 偕成社

《비주얼판 전기 시리즈 아이작 뉴턴(ビジュアル版伝記シ
リーズ　アイザック·ニュートン)》フィリップ·ス
ティール著 赤尾秀子訳 ＢＬ出版

《시대를 개척한 세계 10인 레전드 스토리 7권 코코 샤넬(時
代を切り開いた世界の10人レジェンド·ストーリー　7
巻 ココ·シャネル)》高木まさき 茅野政徳監修 学研
プラス

《스기하라 지우네 이야기 생명의 비자를 감사합니다(杉原
千畝物語　命のビザをありがとう)》杉原幸子 杉原
弘樹 金の星社

《헬렌 켈러 행동하는 장애인, 그 파란의 인생(ヘレン·ケ
ラー 行動する障害者、その波乱の人生)》筑摩書房
編集部 筑摩書房

《위인들의 소년 소녀 시대 1 정치·교육에 불타는 위인(偉
人たちの少年少女時代1　政治·教育にもえた偉人)》漆原
智良 ゆまに書房

《융의 생애(ユングの生涯)》河合隼雄 第三文明社

《나이팅게일(ナイチンゲール)》長島伸一 岩波書店

《존 레논 상(ジョン・レノン上)》 레이・콜만著 岡山
徹訳 音楽之友社

《전기를 읽자 4 이노 다다타카 걸어서 만든 최초의 일본
지도(伝記を読もう 4　伊能忠敬　歩いて作った初め
ての日本地図)》　たからしげる　あかね書房

《이노 다다타카 정확한 일본 지도를 만든 측량가(伊能忠
敬　正確な日本地図をつくった測量家)》 大石学監修
西本鶏介著　ミネルヴァ書房

《데즈카 오사무 미래로부터의 사자(手塚治虫 未来からの
使者)》 石子順 童心社

《도설 프로이트 정신의 고고학자(図説フロイト　精神の考
古学者)》 鈴木晶 河出書房新社

《별책 태양 도쿠가와 이에야스 사후 400년(別冊太陽 徳
川家康 没後四百年)》 小和田哲男監修 平凡社

역자 후기

　SBS TV에서 인기리에 방송되었던 '우리 아이가 달라졌어요'라는 프로그램은 이상 행동을 보이는 유아, 어린이의 문제점을 고쳐주는 시사교양 프로그램으로 자녀를 잘못 양육하거나 심하게는 학대하면서 길러서 문제가 된 것이 대다수이며, 구체적으로 말하자면 부모가 아이의 기분이나 마음을 이해하지 못하거나, 방치하거나, 감정적이고 폭력적이며, 원칙과 기준이 없이 양육한다든가, 혹은 보호자 자신의 사고방식이나 인격의 문제인 경우가 절대다수였습니다.(나무위키 '우리 아이가 달라졌어요'에서)

　《그 천재들은 이렇게 자라났다》는 메이지대학 교수이면서 교육상담사인 모로토미 요시히코(諸富祥彦)가 지은 《あの天才たちは、　こう育てられていた!―才能の芽を大き

〈開花させる最高の子育て〉를 한국어로 옮긴 책입니다. 이 책은 양육에 있어서 영원한 대명제인 '슬기로운 아이를 키우는 법'을 기축으로 동서고금 세상에 이름을 날린 천재들 36명의 실제 체험을 바탕으로 한 일화(부모나 가족에게 어떻게 키워졌는가?)에서 교육의 연구를 거듭하는 저자가 양육의 '힌트'를 도출해 나가는 내용입니다.

자신감, 행동력, 어휘력, 집중력, 사고력, 자립심, 소통력을 키우는 놓칠 수 없는 힌트가 가득한 이 책에는 역자가 어릴 적에 위인전으로 읽었던 토머스 에디슨, 아인슈타인, 헬렌 켈러, 큐리 부인을 비롯하여 비교적 최근 인물인 스티브 잡스, 월트 디즈니, 찰리 채플린, 스티븐 호킹, 코코 샤넬, 마더 테레사 등 이른바 세기의 천재들의 어린 시절을 회상하면서 그 천재들이 어떻게 자라났는지를 조명한 것입니다.

이 천재들의 어린 시절을 보면 '유복한 가정환경의 영재나 우등생'이기 보다는 앞서 언급한 '우리 아이가 달라졌어요'에 등장할 만한 '문제아, 이단아'가 대다수입니다. 흔히 '천재'와 '둔재'는 한끝 차이라고 합니다. 어린 시절의 '문제아'에서 세기의 '천재'가 될 수 있었던 가장 큰 요인은 '만남'입니다. 그 만남의 주인공은 부모와 형제자매뿐만 아니라 외삼촌, 이모 등의 친척과 학교 선생님, 가정교사, 성직자 등 다양합니다. 이들과의 만남을 통해서 세기의 천재들은 천재로 태어난 것이 아니라 천재로 길러진 것입니다.

지금 우리 앞에서 놀고 있는 이런 자녀, 조카, 아이들이 이상한 행동을 하는 '문제아'처럼 보일지라도, 나중에 이 아이들이 세기의 천재들로 자라날 수 있는 양육의 본질을 이 책에서 소개하고 있습니다.

이 책이 나오기까지 많은 분들의 도움이 있었습니다. 박이정 출판사 박찬익 사장님과 권효진 편집장님, 엔터스코리아 에이전시의 이시자키 요시코님께 감사의 말씀을 드립니다. 아울러 이 책에 등장하는 인명과 지명 등의 오기나 번역의 오류가 있다면 그것은 오롯이 역자의 책임입니다. 기회를 보아 바로잡아 가도록 하겠습니다.

끝으로 자자의 머리말에서처럼 '이 책이 단순한 양육의 매뉴얼이 아니라, 매뉴얼대로 되지 않는 양육의 본질'을 바라볼 수 있는 책으로 독자 여러분께 다가가기를 바랍니다.

2022년
손경호

그 천재들은 이렇게 자라났다

초판 인쇄 2022년 7월 22일
초판 발행 2022년 7월 29일

지 은 이 | 모로토미 요시히코
옮 긴 이 | 손 경 호
펴 낸 이 | 박 찬 익
펴 낸 곳 | ㈜박이정

주   소 | 경기도 하남시 조정대로45 미사센텀비즈 7층 F749호
전   화 | 031)792-1193, 11995
팩   스 | 02)928-4683
홈 페 이 지 | www.pjbook.com
이   메   일 | pijbook@naver.com
등   록 | 2014년 8월 22일 제305-2014-000028호

ISBN   979-11-5848-806-2 03370
* 책값은 뒤표지에 있습니다.